列宁传

罗范懿 著

国文出版社
·北京·

图书在版编目（CIP）数据

列宁传 / 罗范懿著. -- 北京：国文出版社，2025.
ISBN 978-7-5125-1878-0

Ⅰ．A731

中国国家版本馆CIP数据核字第2025W2J426号

列宁传

作　　者	罗范懿
责任编辑	罗敬夫
统筹监制	杨　智
责任校对	周　琼
出版发行	国文出版社
经　　销	国文润华文化传媒（北京）有限责任公司
印　　刷	文畅阁印刷有限公司
开　　本	880毫米×1230毫米　　32开
	6.5印张　　　　　　　174千字
版　　次	2025年3月第1版
	2025年3月第1次印刷
书　　号	ISBN 978-7-5125-1878-0
定　　价	59.80元

国文出版社
北京市朝阳区东土城路乙9号　　　邮编：100013
总编室：（010）64270995　　　传真：（010）64270995
销售热线：（010）64271187
传真：（010）64271187-800
E-mail: icpc@95777.sina.net

列宁(1870—1924年),无产阶级革命导师,列宁主义创始人,苏联共产党、苏维埃社会主义共和国联盟的主要缔造者。1924年1月21日病逝。

19世纪末、20世纪初,资本主义进入垄断阶段—帝国主义阶段。列宁在新的历史条件下,把马克思主义基本原理运用于俄国革命实践,创造性地发展了马克思主义。

列宁研究了资本主义各国经济和政治发展的新现象、新材料,创立了关于帝国主义的理论。他根据资本主义经济政治发展不平衡的规律,提出了社会主义可能首先在一国或数国取得胜利的理论。

列宁领导俄国人民取得了"十月革命"(1917年)的伟大胜利,建立了世界上第一个社会主义国家,使社会主义从理论变为现实。

列宁对于在经济文化落后的俄国如何建设社会主义进行创造性的探索,强调无产阶级取得政权后要把主要力量转向经济建设,大力发展生产力,并制定了新经济政策,主张发展商品经济,利用资本主义的管理经验、科学技术成果,通过国家资本主义向社会主义过渡,等等。

目 录

第一章 温暖的家庭，黑暗的社会

走路晚 ……………………………………… 003
爱拆玩具的孩子 …………………………… 005
不偷偷摸摸地干 …………………………… 008
勇于承认错误 ……………………………… 009
山的魂 ……………………………………… 012
不信"失败" ………………………………… 015
会玩的大脑壳 ……………………………… 019
爸爸的牵挂 ………………………………… 022
两个"哥哥" ………………………………… 024
多数和少数的问题 ………………………… 027
哥哥英勇牺牲 ……………………………… 031
姐姐的劝告 ………………………………… 033
最后一支烟 ………………………………… 036
被开除学籍、流放的重大收获 …………… 038
一位不平常的原告 ………………………… 042

第二章 组建无产阶级政党

不再叫乳名 ………………………………… 047
狱中"魔术" ………………………………… 050

"未婚妻"的角色 …………………………… 054
冲破牢笼的"硬"功 ………………………… 058
巧妙的会面 ………………………………… 060
流放西伯利亚 ……………………………… 062
第一部巨著 ………………………………… 066
一个红霞满天的早晨 ……………………… 068
第三次脱险 ………………………………… 071
取笔名"列宁" ……………………………… 074
坐在会场角落的那个人 …………………… 078
你敢一个人反对所有的人 ………………… 081
神秘有趣的通联站 ………………………… 085
工作不会像熊跑到森林里去 ……………… 090

第三章 枪杆子里面出政权

血的教训 …………………………………… 097
武装起义 …………………………………… 101
请反对过自己的人一道工作 ……………… 103
利用"杜马" ………………………………… 106
冰河上有个人影 …………………………… 108
把孟什维克驱逐出党 ……………………… 111
再次被捕 …………………………………… 115
"我们不要世界大战" ……………………… 118
鞋匠家的灯光 ……………………………… 121
工农需要自己的政权 ……………………… 123
劳动人民的肩膀 …………………………… 125
黎明前 ……………………………………… 130

第四章 建成第一个社会主义国家

- 十月革命 …………………………… 139
- 不眠的夜 …………………………… 145
- 工厂里出现形迹可疑的人 ………… 149
- 斯莫尔尼宫的笑声 ………………… 152
- "一秒钟也不行" …………………… 157
- 克里姆林宫的枪声 ………………… 160
- 心战告捷 …………………………… 162
- 被用枪对准太阳穴 ………………… 165
- 不予追究的谋杀案 ………………… 169
- 第三国际 …………………………… 174

第五章 进行社会主义建设

- "列宁灯泡" ………………………… 181
- 义务劳动的创举 …………………… 186
- 学习学习再学习 …………………… 189
- 与群众同苦乐 ……………………… 191
- 反对个人崇拜 ……………………… 193
- 无微不至的关怀 …………………… 195
- 谦逊俭朴的老人 …………………… 197
- 永远活在人民心中 ………………… 199

第一章

温暖的家庭，黑暗的社会

第一章 温暖的家庭,黑暗的社会

走路晚

伏尔加河在静静地流淌,河岸耸立着高高的悬崖峭壁。

1870年4月22日,在俄国伏尔加河岸一个叫作辛比尔斯克的小城里,一户叫乌里扬诺夫的市民家里呱呱坠地了第三个孩子——弗拉基米尔·伊里奇·乌里扬诺夫,乳名叫沃洛嘉。

沃洛嘉的爸爸依里亚·尼古拉耶维基·乌里扬诺夫,是一个热心的教育家,当过教员和乡村学校的视察员,是当时辛比尔斯克的国民教育督学。爸爸的生活始终是清贫的,他为人耿直、性格顽强、轻个人利益、视事业高于一切的品性深深影响着孩子们。

沃洛嘉的妈妈玛利亚·亚历山大洛芙娜,童年大部分时间是在乡村度过的,她与劳动人民有深厚的感情,博学广识,对文学和音乐很有研究,并通法语、德语和英语。她由于教子有方,备受孩子们尊敬。平日只要她轻轻地说孩子们一声,就足以让孩子们服从。她的全部心血都倾注在孩子们身上。

沃洛嘉硕大的头颅,黄褐色的晶晶亮亮的眼睛,备受大人喜爱。只是快两岁了还不会下地走路,这不能不教爸爸妈妈担心。

"沃洛嘉,我亲爱的孩子,你将来能走路吗?唉——"妈妈把他抱在怀里,又自言自语地叹息一句。

"能走!"褐色的眸子盯住妈妈多云的脸,他说,"我要走得飞快,走得飞快,走得比大人还快"后面的话连妈妈也没有听懂,难道是因为将来要走得飞快而在使劲憋足力量吗?

早在沃洛嘉一岁半的时候,妈妈又生下了妹妹欧丽娅。现在,眼看欧丽娅也可脱手站立了,沃洛嘉还只是站立着,不能起步走路,这也就难怪全家人为他操心。

在沃洛嘉两步远的地方放上布娃娃,他不向前。

在沃洛嘉一步远的地方放上小车车,他不向前。

妹妹欧丽娅却迈开了步子,抓住了小车车。一家人既高兴,又遗憾。

哥哥沙沙顺手抓起桌上姐姐的一块红绸巾,并让红绸巾吊上一本书,一边摇晃着一边逗沃洛嘉:"来,过来,沃洛嘉,你过来,哥哥姐姐的,全送给你。来,快过来拿,不要再让妹妹抢走了。"沙沙蹲下身子,挥舞着书和红绸巾……

沃洛嘉为妹妹拿到了小车车而拍手高兴,似乎并不焦躁、嫉妒。

小脸膛是被红绸巾映得红彤彤的,一对眸子随着旗一样飘动的红绸巾左右顾盼……

忽然,奇迹发生了——

沃洛嘉不是学步的蹒跚,不是妹妹的步履拘谨,他蹑步匆匆,稳健地来到哥哥胸前,夺过了那飘扬的"旗旗""本本"。

起步不凡。沃洛嘉快得妹妹无法跟上他,走路直蹦直跳的;说起话来,声音很尖,在欧丽娅面前随时摆开哥哥的架势。

一会儿命令:"欧丽娅,马上给我钻到沙发底下去!"

一会儿又命令:"妹妹,马上给我从沙发底下爬出来!"

妹妹不听他的,他耍花招制服她,直到她哭泣为止。

有时沃洛嘉和欧丽娅闹得过火了,妈妈为了使他们平静,在家里立下"规矩":把沃洛嘉和妹妹都一块赶到爸爸的书房去,并把沃洛嘉放在威严的高高的黑色油漆软椅上——家里叫它"黑色的软椅",直到妈妈允许下来才能获得自由。

孩子的心目中的"黑色的软椅"是恐怖的。

爱拆玩具的孩子

"沃洛嘉来了——快把玩具收起来!"

即使妹妹玩兴正浓,姐姐也会一把夺过她的玩具藏起来,让她哭一阵子。

连邻居也在告诫孩子:"不能让沃洛嘉玩你的玩具,那孩子拆玩具成习惯了。"

真是的,玩具对沃洛嘉来说几乎是一次性的乐趣,到了他的手里,他有他的玩法。他将大脑袋摇得货郎鼓样,有滋有味地拆玩具。有时拆了它又重新装起来让给妹妹玩,可这毕竟是少数,多数是一次性结束了它玩的使命。

一件崭新的好端端的玩具,不管它多昂贵,多好玩,一落到他的手上就变得七零八落。

一部小电车,他除了将车子拆得轮胎分家之外,连电池也得将它敲出个究竟来,还竟然要在妈妈面前逞个能,惹得一家人哭笑不得。

"这电池,有什么稀奇的,一根木炭糊上几团鼻涕就成了……"沃洛嘉挥舞着炭条给妈妈看,妈妈欲举手揍他又揍不起来,倒又觉得孩子天真可爱。

"可爱的魔鬼!"妈妈每次也只好这么回击他。

以后就干脆不买玩具给他了。

一次沃洛嘉过生日,保姆特意送给他一件玩具礼物。玩具是用碎纸混石膏做成的一个三匹马拉的雪橇。沃洛嘉拿到这一礼物后,躲过哥哥姐姐的视线,悄悄地将雪橇隐藏起来。

沃洛嘉得到新玩具后,家里忽然安静了许多,爱打打闹闹、吵

吵嚷嚷的沃洛嘉不见了。姐姐找他吃饭时,总算在一扇房门的背后找到了他。

原来他一个人悄悄地站在门角里,躲过大人的干扰,聚精会神地在拧马腿,直到一条一条地把马腿都拧下来为止……

大人们拿他真没办法。

爸爸质问他:"沃洛嘉,你怎么不爱惜玩具,老是要破坏玩具呢?"

"爸爸,你不是常教我说不要说假话、做假事吗?玩具是假的,我要真的。"他回答。

"假的?你不喜欢就给妹妹玩嘛,你也不要搞坏它,为什么一定要搞坏它呢?"妈妈说。

"拆了它,我看它里面是怎么搞起来的。"沃洛嘉回答妈妈。

"既然你讨厌假东西,你还拆它?"父亲装作生气地说,"你不是学假的吗?"

"不是!我不是学假的,我是看它怎么制作的。"沃洛嘉一对褐色的眸子天真地转动着,终于他找到爸爸平时教他的依据,滔滔不绝地说,"工人叔叔制作玩具是真的,学真的也不让吗?我不是学假的,假的骗人,玩具也骗人,我要骑真马,坐真车。不,我不是假的……"

爸爸听沃洛嘉的话说得像大人那样在理,脸上露出惊喜的神色,见自己把孩子质问得要哭了,忙弯下身子,把孩子抱起来——

"噢,我的沃洛嘉是真的,是真的,不是学假的,拆坏玩具有功,搞破坏有理,有理……"父亲连连哄着说。

姐姐拿着那些早已散了架已复装不拢的"马腿"和"雪橇"既遗憾又好笑,妹妹从姐姐手里把"马腿""马头"全抢了过去。

有一个星期天,沃洛嘉和妈妈不在家,爸爸请朋友到家里来下象棋,摆好棋阵,发现少了四颗棋子,打听其他孩子都说没玩过

006

象棋。

"难道那两匹'马'真的长了腿跑了,'车'也自动开走了?"爸爸同棋友忙乎着四处寻找。

关上门房,发现门角里停着一辆满载货物的"拖车",蹲下身一瞧,原来"马"正在前面拉车,"车"正在这里装货。

爸爸看着这好端端的一对"马"和"车"竟都被当胸穿了孔,做了车子的四个轮子,两匹马还安排在前面做导向轮,开始有些生气,后发现那敞篷车又是用家里的一只小凳子仰翻着做的……这一切又配合得这么自然这么好,稍一推动,车轮哆嗦着滚动,满载货物的车平稳出站。

看着棋盘里少了四颗棋子玩不起来,爸爸皱锁着眉头,正找工具把它拆下来,可想起孩子的"玩",和这车轮的悠然滚动,真让他啼笑皆非。

"我们别再破坏了,这是孩子难得的天真好奇的童心世界,真是可爱!"客人连忙开导说。

爸爸笑了笑,摇了摇头说:"这是沃洛嘉干的好事!这孩子,真没办法,老给你搞破坏。"

他们只好找来了四只墨水瓶盖凑合着车欢马叫起来。

沃洛嘉回来后并不认错,还同爸爸强词夺理。

"马就得跑,车子就得拉货,老睡在你的棋盘里有什么用处?"

"我让'马'和'车'都活起来,帮我们运货干活还不好吗?"

"好,好,我的心肝宝贝儿子。"爸爸无可奈何,同妈妈交换着视线,会心会意地笑得翘曲着嘴唇。

"我亲爱的沃洛嘉,将来比爸爸要强好多倍哟!"妈妈这话没有说出来,可沃洛嘉从爸爸妈妈交换视线的时候已从妈妈脸上看出来了。于是,他蹲下身,又为车子装满了货物。

不偷偷摸摸地干

5岁时的一天,沃洛嘉发了蒙,他把姐姐刚刚得到的一件礼物——尺子——给弄断了。他只好拿着断了的尺子来到姐姐面前。

"姐姐,尺子断了。"沃洛嘉耷拉着头,很内疚地问,"罚不罚我呀?"

"这是朋友刚刚送给我的,人家的一片心意——"姐姐接到断成两截的尺子心里不好受,真想要惩罚沃洛嘉一下,可见他如此诚恳,她举起的手只好失态地抓住身上飘逸的花裙子,无可奈何地问,"你是怎么把它弄断的呀?"

"用膝盖折断的。"沃洛嘉一边说一边抬起腿来比画着这件事的经过。

"你是学生啦,怎么能干出这种事?"姐姐还是生气地说,"我告诉你的老师去。"

"他既然承认了过错,不偷偷摸摸地干,这一点是好的。"妈妈出面调解一句。

沃洛嘉也偷偷摸摸干过。

一次妈妈在厨房削苹果做馅。桌子上放着一堆苹果皮,沃洛嘉在桌子下面小狗样地东钻西窜的,闹着要苹果皮吃。

"皮是吃不得的!"妈妈告诉沃洛嘉。听外面有人喊她,妈妈放下手中的活儿出了门。

妈妈回到厨房时,沃洛嘉不见了,一堆苹果皮也不见了。

沃洛嘉正在后花园里的小桌旁,上面放着一堆苹果皮,他在匆匆地大口大口吃着。

"我亲爱的沃洛嘉呀,要果皮不要脸皮呀,老鼠样的一张馋嘴。"妈妈故意羞他。

沃洛嘉嘴里还衔着一把苹果皮,哭了,一边哭还一边同妈妈犟嘴:"苹果皮不像樱桃皮嘛,好吃的东西为什么不能吃? 一定要丢掉它?"

妈妈也说不清为什么苹果皮不能吃的道理,只是认为苹果皮一般是做草料给动物吃的,人吃苹果皮不成了野兽、低级动物,那是下贱人、要饭的乞丐。

"没有毒又好吃的东西我为什么不能吃? 什么是下贱人? 我吃了不还是沃洛嘉吗?"他不理解妈妈的解释,一把眼泪地缠着妈妈天真地问个不停,"妈妈,我没有要饭,我是要皮,吃自家的苹果皮又怎么会变成乞丐了呢?"

"好的好的,你不是乞丐,是小偷。妈妈不允许你吃,你偷到这花园里来吃,是个诚实的孩子吗?"妈妈认真地说。

"我不是小偷,我不是小偷,我告诉你,我要皮……"听妈妈说他是小偷,沃洛嘉又大哭起来了,闹得妈妈做不成苹果馅。

"因为你没有得到妈妈的允许就把果皮拿到花园里吃了,背着妈妈偷偷摸摸干……"

沃洛嘉这才承认了错误,并表示以后不再这样了。

勇于承认错误

沃洛嘉8岁时已是一位高小学生了,爸爸第一次带他和哥哥姐姐到喀山去找姑妈。

一天他在姑妈家里和哥哥姐姐、表兄表妹们追赶打闹,沃洛嘉不小心碰到了桌子,桌子上的一个玻璃水瓶掉落地上,摔碎了。

"我的孩子们,谁把水瓶打碎了?"姑妈听到破碎的声音走过

来问。

大伙都连连说:"不是我,不是我……"

这时,沃洛嘉也加入了这大合唱,说了一句"不是我"。

沃洛嘉觉得那是在别人家里,姑妈又不熟识。人家都轻快地说"不是我"的时候,这位在这群孩子当中最小的孩子没能启齿说一句"是我",也胆怯地附和着大伙说了同样一句却是骗人的话。事实上,当时姑妈和孩子们也并没发现沃洛嘉是这么说的。见没有孩子敢承认错误,姑妈也没再追问了。

孩子们照样痛痛快快地玩他们的。也没有谁对姑妈说玻璃瓶是这个小弟弟打碎的,当时大伙都在追赶,做哥哥姐姐的不是更有责任吗?

姑妈把这事给忘了,孩子们也忘了。

哥哥姐姐只感觉到沃洛嘉后来在姑妈家里玩得不起劲了,听不到他的高声大嗓子,甚至有时一个人在一旁闷闷不乐。

"沃洛嘉,我亲爱的弟弟,你不舒服?"哥哥问他,姐姐也摸摸他的额头。

"我的好孩子,是不是生病了?"姑妈连忙过来又摸了摸沃洛嘉的手心。

"……"沃洛嘉只微微摇了摇头,面对姑妈,来到嘴唇边的话又吞回去了。

"想吃东西吗? 姑妈拿给你。"看着沃洛嘉嗫嚅的嘴,说完转身就进了里屋,姑妈特意给他送来了一包水果糖和几颗樱桃。沃洛嘉倒享受了姑妈没给其他孩子的特别待遇。

沃洛嘉推不掉姑妈强要他收下的这份不该收下的礼物。

三个月后,爸爸总算带沃洛嘉和哥哥姐姐离开了喀山的柯库什基诺村姑妈家里,又回到了辛比尔斯克来住。

回家的当天晚上,沃洛嘉又一次回想起那过失撞翻玻璃水瓶的事,想起了当时自己说的"不是我"还有姑妈送的糖果、樱桃……

床架辗转得吱呀吱呀响,被窝里越睡越觉得不暖和,沃洛嘉的喷嚏和咳嗽声惊醒了妈妈,当妈妈一来到沃洛嘉的枕前,他"哇"地哭了。

"孩子,哭什么?受惊了?不是做梦哭吧?"

妈妈连忙捻亮了灯,见沃洛嘉两只眼睛睁得亮亮的,泪水两条决堤的小河样流入淡淡的赭色鬈发里。

"妈妈,我把安娘姑妈骗了。我打碎了她家的玻璃水瓶,却说水瓶不是我打碎的,其实是我打碎的。安娘姑妈可能现在还不知道玻璃水瓶是谁打碎的,我把她骗了,我不对,你罚我吧!"

沃洛嘉不敢在别人家里承认错误,回家在自己妈妈面前止不住地痛痛快快哭了一场。

这半夜里,沃洛嘉还哭得真伤心,闹得全家人都似乎要帮他流一把眼泪了。

妈妈总算安慰了他,说她马上给安娘姑妈写信,相信安娘姑妈是会原谅他的。

过不久,妈妈收到了从喀山寄来的安娘姑妈的信,沃洛嘉看了又看姑妈的回信:

> ……沃洛嘉我这亲爱的孩子,难怪后来姑妈送给他的糖果他一点也没动过,全悄悄地放进了食品柜的抽屉里。一包水果糖全溶成了难分难舍的一整团团,那樱桃,一颗颗熟得流出了琼浆来……

山的魂

沃洛嘉随着年龄的增大,愈见其精悍结实,典型的蛋形头颅,宽阔的前额,一对锐利的鹰眼,上中学前就足以显出其集爸爸妈妈共同优点的雏形。从小就喜爱在大山上和森林中搏击。

沃洛嘉经常在星期天和假期里带同学和邻近的孩子到森林里去玩。在松树林里比上树、比掏雀窝、比爬山,冬天比滑冰、打雪仗。肚子饿了,将鸟窝点燃烧得旺旺的,烤鸟肉吃。

鸟肉一般按比赛的优劣分配。分拨打仗大伙都很想跟沃洛嘉一拨儿,跟着他就胜利,鸟肉、鸟蛋吃得多些。为了平衡,沃洛嘉经常将他这拨的人轮换着,一部分上顿少分少吃的人在下顿补上。他也只用这种办法平衡着,在"战场上"却不能轻易用"失败"来平衡大家的心理和需要。

沃洛嘉走山路鹿一般轻快、灵巧,比他大的孩子也抓不住他。爬树猴一样敏捷,尽管树干长得光溜、长得高,见他的腰箭弓样一拉,两块足板和两只手像爬树钳样,一阵唰唰上,一阵唰唰下,有时还能顺着树枝从一棵树跳到另一棵树上,真让大家看得傻眼。

一次班队野外活动,他发现伏尔加河西岸高高的悬崖上一洞口满是鸟粪,有个鹰巢,沃洛嘉当时向几个附近的同学谈及过:"选个星期天,掏了这老鹰巢,大伙尝尝这难得的野味。"

过了些日子,他没忘记对同学的许诺,一天放学后又专程打探了一番。这回,还隐约听到了那洞巢内小鹰嗷嗷待哺的叫声。

"哈!"他兴奋得手一扬,"今夜将它们老少一窝端!"

三个附近的同学都告诉家里,夜里学校有班队活动,沃洛嘉对妈妈说:"晚上出门家访,给同学补习功课。"

第一章 温暖的家庭,黑暗的社会

吃完晚饭,几个同学陆续来到预定的地点。

这里离西姆比尔斯城住宅区有一段距离,山路多崎岖,靠伏尔加河岸生长着茂密的树林。林中宽不盈尺的小路上积满了厚厚一层树叶,阴森恐怖。那鹰巢正在滔滔的伏尔加河的陡峭崖壁上。

人都等齐了,打着火把在这山上、河里照照,有的长舔舌头,不抱希望。但又想到沃洛嘉这人说话是从不放炮的。

"沃洛嘉,有把握吗?"一个同学想打退堂鼓了。

沃洛嘉为稳住大伙,先把他巧夺鹰巢的计划讲述了一遍,接着严肃地宣布了两条纪律:

一、任何情况都不准高声大喊,以免打草惊蛇;二、火把对准我的左右和正前方,别对着眼睛,特别注意别乱晃动。

"沃洛嘉,听大人说老鹰会啄人,鹰嘴弯刀样锋利,一定要多加小心!"胆小的同学说得心里颤怔怔的。

"怕什么?人还怕一只鸟!"沃洛嘉轻蔑地回答他。

只见沃洛嘉手一甩,利索地脱下长夹风衣,拿着火把,从半山腰攀上悬崖——

随着他预定的线路,手抓住崖缝里的灌木条,跳入一条缝隙里,又从缝隙里爬上另一个坡坎……眼看他就要靠近了那小崖洞,不料,因为踩着青苔脚向下滑动,这时,他的双手又没抓着任何把柄,脚下的泥土和石子往下刷刷地崩落——打着火把也不敢顺着石子往河谷里看一眼,几十丈高的悬崖呀,只听得石子击得山麓深潭咕咚咕咚地响,腿就有些发抖发麻——万一摔下去,也是这么一响了之,是见不到人的一星点影子的。

在这紧急关头,谁也不敢吱声,一切听沃洛嘉的,全相信他,心里却也在击鼓般祷祝着:保佑沃洛嘉平安无事……

眼看沃洛嘉就得随青苔滚落河谷,在这千钧一发之际,他双腿使劲往崖壁上一蹬,制服上的8粒扣子全噗地挣开,就像那山鹰样矫健地一跳,双手抓住了悬崖上一株阔叶树粗大的树枝。他总算在树枝上憩息片刻,手敲了敲枝,试探着牢靠,终于顺着树枝攀上了那沾满鸟粪的崖洞。但不等沃洛嘉的火把照进洞里,两只老鹰从他肩膀上方扑腾了出来——

沃洛嘉稳了稳身子,从洞里咔咔地抓出了雏鹰,他又攀着树枝顺着那棵阔叶树,好不容易回到了大伙立足的地方。

他们来到山坡松树林子里,沃洛嘉安排一个学习成绩较好的同学拾柴火烤鸟肉,他从那夹衣的大口袋里掏出了拉丁文和代数课本,就着篝火给另两个同学补习功课。

"想得真周到!"见沃洛嘉又是那般专心致志的样子,那烤鸟肉的同学从心底赞叹。

"今夜里这堂课是一定要补的,不补,回去我无脸见妈妈。"沃洛嘉也喃喃自语,"因为我告诉了妈妈是出门给同学补习功课来的。"

他们在原来早已搭好了的简易篷帐里补完了课,吃完了鸟肉,火光照得四张脸膛红彤彤的。

"夜深了,回去吧,森林里有野兽的!"

怎么说,沃洛嘉也感觉不出丝毫畏惧,他回答说:"野兽是夜间活动的,但见了森林里的火光是不敢出来的。"

就这样,每次都要玩得大伙尽兴之后,他才把林中一点点火星用脚碾灭。

沃洛嘉又一个个把他们送到家门口。

小时候,沃洛嘉爱掏雀窝,爱捉雀,还常常和朋友们出门下网,他的鸟笼里养过一回小鸟,那阵正赶在终考的时候,他把小鸟给忘记了,终考后,发现笼里的那只鸟死了。

鸟死得很可怜,流着口水和眼泪,显然是饿死的。

沃洛嘉看那死去的小鸟,看了好久,他流着眼泪对妈妈说:"今后我再也不把小鸟关在笼子里了。"

以后每年春天,他总要把平常妈妈给他的零用钱到市上去买小鸟,常常还要到妈妈身上再要些钱,买回小鸟,然后用那鸟笼提着,送到大森林中放飞它们……

不信"失败"

"穷魔鬼!谁要你玩!"

"我是跟沃洛嘉玩。"

"沃洛嘉也不要你玩,人瘦得像死尸,眼睛鼓得这么大,吓人!脏!"说完,还"呸"地往瘦弱孩子的补丁衣衫上吐口水。

"你浑蛋,他叫奥赫特尼科夫,是我的同学,你胆敢欺负他,你才是脏魔鬼!"沃洛嘉冲过去,怒目吐火地瞪他一眼,又气愤地说,"你嫌人家穷,欺弱压小,恶霸一样,快擦去你的脏口水!"

"我不擦,你护着这穷魔鬼,你擦!"

"你无理,你吐人家口水,还要我擦?"沃洛嘉被激怒的手指点上了他的眉梢,命令他,"你不擦就给我滚回姑妈家去,我开除你这个恶霸魔鬼!"

"亲爱的奥赫特尼科夫,我来制服他。"沃洛嘉转身来到那同学身前安慰说,并躲过那表兄的视线,悄悄地帮他擦去了沾在身上的唾沫。

表兄见沃洛嘉转开了身,又壮起胆来:"你滚!你是魔鬼!是小偷!"

"谁是小偷?偷你什么了?"沃洛嘉又急转身过来抓住他的

列宁传

脖子。

"偷苹果皮吃。"

沃洛嘉一般不轻易和人吵嘴、打架,他虽然是孩子们的头儿,但他从不因此骄妄自大,不利用这个地位来欺侮那些比较弱小的和家里贫困的孩子。他对自己的弟弟妹妹非常爱护,对其他的孩子也很体贴、关心,小时虽然性格急躁,但一般不用粗暴的态度对待别人。但有时他为了坚持某种他认为是对的事情,也是毫不留情,毫不让步的。

"揍你这魔鬼!吃自家的苹果皮,谁说是小偷?"沃洛嘉一边说着一边强扭住了他,表兄踉跄了几步。

沃洛嘉比表兄小几岁,矮一截,大伙觉得他不是对手,于是,都很快地拥了过来——

"快走开!不关你们的事!"听沃洛嘉这么说,大伙又都只好闪开了。

"快说,吃自家的苹果是不是小偷?"

"是又如何?不是又如何?"

"你不认错,我今天揍死你这恶霸魔鬼!快说,当着大伙的面,认错!"

"不是我说的,舅妈说的。"

"我今天只管你说的!"沃洛嘉抄起了对方的一条腿,恼怒地说,"认不认错?揍死你!"

"认就认,不是就不是!"看沃洛嘉强扭住自己不放,又见他人多势众,表兄勉强认错了。

"这还不行,你还要替我同学擦了你的臭口水!"沃洛嘉还是扭住不放。

表兄见沃洛嘉还不放手,竟然还提出要他擦口水,也不再相让了。

两人扭打起来,沃洛嘉被打倒在地。

"看啊,我打倒沃洛嘉了!他擦口水啊!"表兄快活得跳起来,向周围的孩子夸耀着。

沃洛嘉却并不承认自己已经失败了。

"行,谁输谁擦!"沃洛嘉又说,"但这还不算!虽然你把我摔在地上一次,但到后来我总要打倒你的!来!再来!"

这一回,沃洛嘉请一位同伴当评审员,谁被打倒了,评审员便数了100下,如果数满了他爬不起来,谁便输了,就不能再打了。

沃洛嘉比他表兄的体力差,好几次被打倒在地上,但评判员快数到100时,他便挣扎着爬起来,继续再打。直到最后,他终于把表兄打倒在地上爬不起来时,他才放手。

> 财主财主大浑蛋,
> 虽有金库睡不安。
> 穷人穷人像只鹰,
> 又歌又唱又喜欢。
> ……

沃洛嘉唱起了"没有土地的贫农歌",他的歌唱得欢快嘹亮,唱了又朗诵,朗诵得慷慨激昂,像是安慰那瘦弱的穷孩子,又像是在为自己欢庆胜利。

沃洛嘉的心里总没有"失败"两个字,他觉得世界上并没有什么事情可以使人失败,只要自己坚持下去,最后,胜利总是要来的。

沃洛嘉从小就这么想过,也注意这么实践着。

听人说,斯维雅格河(辛比尔斯克的一条小河)附近的一条大水沟里容易钓到鲫鱼,他邀朋友们一块去钓鲫鱼。

"鲫鱼好吃,油多又嫩,我要钓鲫鱼给哥哥暑假里吃。"在沃洛

列宁传

嘉的心目中,哥哥的位置显得比爸爸妈妈还重要,一有什么好吃的,总是想到要给哥哥吃。

来到水沟旁,未见鲫鱼的影子,沃洛嘉一脚不小心,水沟倒将他"钓"进去了。

沃洛嘉会游泳,朋友们先还以为他是钓住了一条起不上来的大鲫鱼哩!

沃洛嘉跌进沟里并不作声,还不住地向岸上的伙伴摇着手,示意他们别下来,他知道伙伴们救不了他,不能引他们也掉进沟里。

沃洛嘉使劲在水沟里挣扎着,想凭自己的力量爬上岸。然而,沟里泥深,越使劲,泥水越很快将他的身子向下吸,差不多把沃洛嘉的脖子也要陷进去了。

这时,孩子们见大事不好,拼命大喊大叫:"救人呀!快来救人呀!"

河边上工厂里的一个工人听到了喊声,飞快地跑过来,好不容易才把沃洛嘉从深泥坑里拔出。

沃洛嘉成了泥菩萨,绯红的脸膛憋成了酱紫色。

这回,沃洛嘉没有流泪,没有哭。带着钓鱼竿,不声不响地回了家。

沃洛嘉好几天被家里人管教得没同伙伴们玩。想想这回他九死一生,总该吓得不会再提那去水沟钓鲫鱼的事了。

一个星期天,他又悄悄约几个同学来到了大水沟旁,架起了钓鱼竿。

"亲爱的沃洛嘉,这条沟你不害怕吗?"

"不怕,怕它还不来呢!"沃洛嘉又接着说,"做什么事都不要怕失败,只要坚持,世界上没有失败的!……"

沃洛嘉同伙伴一本正经地说着,忽然见他两个指头习惯地掩

018

了掩,那张薄薄的嘴唇"嘘——"鱼标在游动。

于是,一条又肥又大的鲫鱼在他的鱼篓里活蹦乱跳起来!

会玩的大脑壳

沃洛嘉很活泼,很会玩,山上、水里、冰天雪地,他都会玩。

冬天里,他常在辛比尔斯克的后花园里堆一座雪山,坐在雪橇上滑起来。不到10岁就进了公共滑冰场,他经常同沙沙哥哥一起穿冰鞋从高高的山顶上飞奔下来——弯下腰,然后渐渐挺起胸来,再直着身子顺着滑行路久久地滑来滑去,姐姐们都羡慕他,他比沙沙哥哥还滑得轻快些……

"真像一只鹰!"妈妈和姐姐常常这样称赞他。

有人说,是因为沃洛嘉长着一副大脑壳,爱好广泛,适应广泛。他愿干什么就能干什么,什么都干得出类拔萃。小时候玩打木球、台球,很少人能敌过他。他喜欢嗑葵花籽,就连那种敏捷的剥壳的动作也真让人惊叹不已:只见他一个劲地往嘴的一角塞葵花籽,片片完整的空壳从嘴的另一角剥壳机样源源排出来……无论做什么事,"快"而"有序"是沃洛嘉的特色,特别出奇。当然,就连那搞恶作剧也是他的强项。

沃洛嘉的模拟、喉嗓、听觉等音乐素质好,歌唱得很动情,每当他唱歌时,妈妈又不免要赞赏他一句:"我这亲爱的孩子,在音乐方面很有天赋,他若有心跟我研究音乐,是块难得的音乐材料。"沃洛嘉每当唱歌时又不免要想起妈妈的这段话,于是他的歌就更加唱得动听感人。

小弟弟米嘉三五岁时很怕听沃洛嘉唱动情的歌,沃洛嘉若一唱《小山羊歌》他就流泪,他就哭。姐姐尽力想把小弟弟教得刚强

些,要他鼓起勇气听二哥唱,最后连自己也是很难做到的,免不了要含着眼泪。而淘气的沃洛嘉又常常爱在餐厅里唱,唱得米嘉饭也吃不下。

一群大灰狼,
扑住小山羊,
……

当这歌声在大餐厅里响起来的时候,大家都要米嘉鼓起勇气,眼看米嘉听到悲伤的地方也不眨眼时,沃洛嘉便又使出另一招:一边唱一边扭着身子佯装大灰狼,一会儿又装成可怜的小山羊,扮出一副鬼脸,唱得悲悲切切:

……
只把角和腿,
留给老大狼。

妈妈这时就对沃洛嘉爱恨交加:"我亲爱的魔鬼,停止你的鬼把戏吧!"

当爸爸在家的时候,他有他的办法来营救米嘉和功课多的哥哥姐姐。

爸爸把沃洛嘉领到自己的书房去,测验他的功课。沃洛嘉平素什么课程都学会了,爸爸便翻遍笔记本,问他古拉丁字,沃洛嘉也对答如流。如果爸爸没有闲暇再拿别的东西,譬如拿国际象棋和他消遣,孩子们在大餐厅里预习功课的肃静还是没有保障的。

天一黑,每当哥哥姐姐围着饭厅大桌子在共同的一盏灯下摊开自己的功课时,沃洛嘉就已经把功课预习完了。他完了就又说又闹,或打车轱辘把式去"莫斯科",或捉弄弟弟妹妹。

"沃洛嘉,别闹啦!"

"亲爱的妈妈,沃洛嘉妨碍我们预习功课了!"

这时,妈妈也只有把沃洛嘉带到大客厅里去,带他学钢琴,或由她伴奏,教他一首新歌。

随着年龄增大,对沃洛嘉命令式管理是很难奏效的。只有知识和说理才对他有吸引力。

沃洛嘉爱玩,也会玩,是玩的"大王",玩的"首领"。可他爱玩不成癖,他对读书也一样表现出极浓厚的兴趣,别看他下课时玩得比任何人都开心,都起劲,一当钟声响起坐进教室,一双鹰眼就盯住老师、黑板和课本不放。所以,他每天的新功课都在课堂就完成了作业,回家一温习就够了。

沃洛嘉5岁入学以前,自己就学习了两冬的功课,先是跟一位男老师,后来是跟一位市立小学的名叫卡达英娃的女老师,女教师是他家的近邻,是一位亦师亦友的老师,经常夸他是个很有天分的学生。那时,沃洛嘉自觉跑到她那儿学一小时,有时学两小时,白天利用在上课以前,从8点到9点,或是利用学校上圣经课、手工课或图画课的闲课等时间。

沃洛嘉学习不需要妈妈安排,自己每天同老师约好下一天时间,每天准时,风雨无阻。

一个寒凉的秋雨的早晨,妈妈见沃洛嘉穿得单薄,又没带雨具,唤他回来,穿上夹大衣,可不等妈妈转身拿来大衣和雨具,一溜鹿奔不见了,妈妈拿着衣物赶紧追,一直追到学校也没见到影子。妈妈误以为孩子返回家里还未过来,等妈妈第二次赶去学校送衣物回来时,沃洛嘉已补完课先回家了。

原来,沃洛嘉飞快拐过胡同口,在路人没有留神的一霎,一溜小跑从学校围墙的臭水沟里钻进了学校的院子里。

 列宁传

爸爸的牵挂

沃洛嘉无论是在课堂或平时闲谈中回答问题,常常伴有许多新鲜的东西。因为沃洛嘉在校读书很留意课外的书籍和事情。他最初看的课外书籍多数是文学的和近于文艺性的。走进他的房间,随处可以看到他儿时几个俄国大文豪果戈理、屠格涅夫、雷蒙托夫等人的作品,他不但自己读,而且还鼓励同学读,并将自己所看过的故事和一些新鲜事讲给他们听。他常这样同他们交谈:

"最近读过什么书吗?"

"没有。"

"一本都没有吗?"

"没有。"

这时的沃洛嘉就会向你投去不愉快的目光,他不喜欢别人老是回答"没有"或"不知道"之类的话。

"那屠格涅夫的那本《烟》看过没有?"

"读,读过了……"对方一边回答一边留神着沃洛嘉的表情。

沃洛嘉猜测对方是在说谎,用棕色的目光尖锐地盯他一眼,便又作腔小心翼翼地问道:"读过'里维诺夫'的故事吗?"

"不,没有,没有读过……"从沃洛嘉会说话的目光中已受到过一次惩罚,不敢再撒谎了。

"嗯,你说看过《烟》了,那是说谎。"沃洛嘉说着眉毛一扬,轻蔑中流露出兴奋,他又证实了自己察言观色的预感的准确性,接着说,"你并没有读过《烟》,因为你并不知道那个'里维诺夫'就是《烟》里面的一个主角。"

沃洛嘉每逢这时就沉默一会儿,给对方留个喘息、体味的空

歇,但他最终还是要抛出心里的问号来搅醒人的:"你为什么要说谎呢?没有看过,就应该找来看看啊!"

后来,沃洛嘉就又开始滔滔不绝谈自己对于这本书的各种看法,着重谈他与书中人物不同的人生观点和他欣赏明朗的健康的文学风格。

沃洛嘉小时候爱读一些儿童读物,读中学时他对书籍的世界就更严格了,在他的书房里是很难看到消闲的或是无聊的书籍。他想读的书,会想尽办法读到它,一读就要读完,否则,就根本不去接触它。读的时候总要提出许多问题,包括这书为什么当时要写,那时为什么这样写,作者的中心意思在哪里,甚至出版者的意图,等等,都要弄得一清二楚才肯放手。有时等车、等人,闲得无聊,很想看书,但看到周围的书是自己不喜欢的书,就干脆守这份无聊的寂寞,闭目养神,或寻些事情想想,有时还竟然想得比他读书还开心,引旁人惊异:"这人遇上了什么不开心的事!""痴呆!"他也有时会突然想得笑起来,兴奋得跳起来。

在功课上,爸爸显然发现沃洛嘉对完成学习任务很轻松,并能轻松地取得优异成绩。

沃洛嘉每天放学经过爸爸书房的时候,都一边走一边报告成绩:"拉丁文5分,德文5分……"他几乎只变更课目,分数都是一个:5分。

每天的这个场面轻捷地闪过去,有时爸爸不在书房,只有书房回答沃洛嘉;爸爸和妈妈一起在书房,就交换着视线瞥一眼,身着制服、制服上露出赭色头发的神气的沃洛嘉,然后以会心地莞尔一笑来回答他。

"这孩子对付功课太容易了,付出劳动太少,我真担心他将来的实际劳动能力。"爸爸这么担心沃洛嘉。

沃洛嘉这时就会对爸爸滔滔不绝地讲一遍当天上课的情形,

老师向他提过什么问题以及他是怎么回答的,甚至学校里所发生的各种事情,和自己一些淘气的勾当。

其实,沃洛嘉经常注意这样提醒自己:别人做的自己是否这样做了?自己是否做到了?别人的举动是否有值得自己学习的地方?

沃洛嘉对待自己和周围的人都非常严格,他付出的劳动多是以常人觉察不到的另一种非常难得的方式。他为自己的成绩而高兴也一样是辛勤劳动后的快感;对别人缺陷的刻薄,全是一种责任,也是自己一种学习和劳动能力的培养。

沃洛嘉在家里就非常注意模仿他的哥哥,对妹妹的能耐也表现浓厚的兴趣,他羡慕妹妹欧丽娅反复不断地、极有耐性地练习弹钢琴,他常对姐姐说:"这种人的劳动干劲真使人佩服!"

两个"哥哥"

沃洛嘉看看金牌,看看奖状,又从爸爸的书房走过……

"爸爸,学校评价我'勤奋朴实'……"沃洛嘉像往日放学回家时向爸爸汇报"拉丁文5分,德文5分"一样在向爸爸汇报,可这回他一次又一次地从爸爸书房走过,进出嘴唇的话说不出来——

沃洛嘉知道爸爸的书房里没有人回答他,爸爸已永远不能回答他——在沃洛嘉高中毕业的前一年,1886年1月12日,沃洛嘉的爸爸,这位勤奋朴实的教育实干家,这位引人入胜的愉快的健谈家,因繁重的脑力劳动而突发脑出血,匆匆丢下了他尚未同孩子们讲完的故事、说完的笑话、下完的棋……耗尽了自己最后一点精力,走了,也带着对沃洛嘉劳动能力的担忧走了。

沃洛嘉走进爸爸的书房,坐在儿时唤作的那把"黑色的软椅"上,聆听爸爸的教导,切磋棋艺,开怀聊天……泪水滴滴滚出爸爸的故事。爸爸生前最爱讲"哥哥的故事":

> 我出生在阿斯特拉罕城的一个贫寒的小市民家庭。我哥哥名叫瓦西里·尼古拉耶维奇。
>
> 我7岁时就没了父亲,年纪轻轻的哥哥就成了我、母亲、两个妹妹的唯一的生活供养者。哥哥当时在上学,只好忍痛辍学,到一家私人营业所里工作。为了多挣几个钱,他经常利用休息时间去车站帮人搬货装车。
>
> 我哥哥因为自己求学不成,所以一心只想赚钱供我上学,供我上完了中学后,又送我到喀山去读大学。
>
> 等我大学毕业找到一份工作后,哥哥已经人到中年了。家里的钱全都用在了维持一家老小生存、供我读书上,哥哥基本上没有什么积蓄。
>
> 在我哥哥一次过生日时,我给他买了一件质地不错的新夹衣:"我亲爱的哥哥,你穿上这件新夹衣避避风寒吧!"
>
> "不要。哥哥穿这么好的衣服做什么?我是做粗活的,穿不着,你自己穿吧。"
>
> "你今天生日,这是我特意送给你的生日礼物。"
>
> "我亲爱的弟弟,你会读书,成了大学生,又成了教师,我现在就很满意了,还有什么礼物比这个更好呢?"
>
> 我哥哥身上还穿着父亲留下的衣服,肩上、膝盖上补满了补丁……在他这个年龄,他应该有个体贴的妻子,然而他没有;他应该有几个孩子在他身边热热闹闹地了,然而他没有……我想得心里难过,躲过哥哥的视线将泪水擦去。
>
> "我亲爱的弟弟,哥哥自己什么都可以不要。看你做个光彩的人,干出光彩的事业,我就光彩了,就心满意足了。"哥

哥说着,又将我给他披上的新夹衣脱下,披在我的身上。

我哥哥一直没有成家,把一生都献给了我、母亲、两个妹妹,把理想寄托在了我身上。

后来,我哥哥走了,永远地走了,我一直将他这件新夹衣留着。

在沃洛嘉读中学的时候,爸爸从衣柜里拿那件新夹衣给他穿上。他穿上了爸爸和爸爸的哥哥的这个沉甸甸的故事。他爱抚着身上的衣服,不让泪水流在上面,让泪水流在手掌心上……

沃洛嘉的哥哥沙沙却是个刚强的孩子,沃洛嘉从没见哥哥流过泪,往往这时,他又会想到哥哥:"像沙沙一样!"

沃洛嘉8岁的时候就开始一个人住一间房间,他哥哥住隔壁,木板平房,一板之隔,小学5年的学业就这么同哥哥一起度过的。

沃洛嘉阅读哥哥所读过的书籍,读后并征求哥哥的意见。经常参加哥哥爱从事的严肃的自然科学实验。

哥哥的脸也就像常在从事科学实验一样,总是那么少见的严肃、深沉。就连这一点,爱说爱笑的沃洛嘉也在模仿着哥哥,其他一些生活细小的事情也仿效着哥哥,玩哥哥爱玩的一切东西,做哥哥爱做的一切事情。

"沃洛嘉,你星期天怎么玩?"

"是否去散步?"

"饭里加些奶油吗?"

"要牛奶吗?"

这时,沃洛嘉不会立刻回答,一双射光的眼睛总要盯住哥哥。哥哥却故意迟延不答,狡黠地瞅着他,有时姐姐就嘲笑他一句:"我亲爱的沃洛嘉,哥哥脸上有花吗?"

但这时嘲笑也不能改变他,他仍然会这样回答他们:"像沙沙一样。"

沃洛嘉小时候非常暴躁,哥哥一贯的平静和坚韧的耐性在渐渐地改变他。

"你怎么老是这种性格?非把表兄打得在地上爬不起来才罢休,姑妈在说你呢!"哥哥很平静地说沃洛嘉。

"表兄错了,他还逞能,我能容忍吗?"沃洛嘉看见哥哥批评他,站了起来,在哥哥面前来回踱着碎步,话回答得有些急切。

"我亲爱的弟弟,我知道人家错了。有些人错了自己很难及时反应过来,你不必强求他马上给你承认错误,给他个喘息的机会,只要他有一天自己认识到这个问题就行了。"沃洛嘉哥哥说得那么和风细雨,他又坐回了圆桌旁的凳子上。

宅后的花园里一时只听得果树上鸟儿在叽叽喳喳地评说。

哥哥又说:"你好胜、刚强,但还要刚中有柔,不可直取的东西,多拐几个弯,智取!"

……

"表兄是客人,姑妈那里我赔礼道歉。"沃洛嘉耷拉着头说,突然又把声音提高八度,"不过,这回我治治表兄也是有好处的,相信他今后不会再那么狂妄、霸道欺负人了。"沃洛嘉一边说还一边注意哥哥的表情。

多数和少数的问题

沃洛嘉的童年和少年是很幸福的,是在和谐、温馨的大家庭里度过的,他的性格和观点是在很有素养的家庭成员中和俄国反动的黑暗环境里形成的。

19世纪的俄国,官僚贵族和大地主联合在一起,疯狂地压榨人民、剥削人民。俄国一位伟大的诗人涅克拉索夫曾经愤怒地写过:

> 一个人艰苦地工作,
> 工作刚完毕,
> 就会看到——
> 三种人在享受劳动的利益:
> 上帝、沙皇、绅士!

专制制度把一切革命组织摧残至尽。沙皇的官吏、警察和宪兵横行全国。工人为了一点微薄的报酬不得不一天劳动12个小时以上。在农村,3万个地主占有7000万俄亩的土地,即等于1050万农户所有的土地。地主称王称霸,农民只有租种的"自由",实际上多数还是奴隶主和奴隶的关系,无立足之地的农民不得不受地主的任意宰割。劳动者捐税成灾,人民没有出版、言论自由,国内哀鸿遍野的真实情况禁止报道……

> 四周一片黎明前的黑暗,
> ……
> 一阵阵凶狠狂暴的黑旋风,
> 默默无声的国家啊,
> 在你头上旋转,
> 一切善良和生气,
> 遭到了摧残……

沃洛嘉吟诵着这首诗歌。

眼看那些刚强不屈、不肯低头服从的人也只有这么一条无可奈何的出路:跑到草原和森林中去以行劫为生。

> 黑暗统治的时候,
> 生活困苦不堪,
> 有人离开了家乡,
> 逃往遥远的地方,
> 抛弃了故园,
> 离别了妻子,
> 为了寻找自由,
> 奔向伏尔加河的东岸……

当过教员和教育督学的爸爸常教给他这么一首民歌,使他幼小的心灵中播下了一颗颗抗争的种子。

面对家乡的农民和工人悲观绝望中只有喝酒才是唯一的安慰和解脱,沃洛嘉牙关咬得咯嘣作响……

> 我知道,有人想出许多新花样,
> 用来代替束缚农奴的罗网,
> 好吧!……可是人民会把它挣破,
> 诗神啊!满怀希望来迎接自由吧!

涅克拉索夫的诗句在鼓动着他。

沃洛嘉酷爱文学和历史课,对一些进步的憎恨黑暗社会的作品和作家兴趣极浓,几乎替代了他儿时钓鱼、上树、打猎等爱好,读后他不但对一些文章津津乐道,还大胆地将一些所见所闻和自己突然萌发的观点写进作文里。一次,教文学课的校长把作文还给他,并好奇地询问他:"你在这里写的那些被压迫阶级是哪些人呢? 这跟你有什么关系?"

沙沙是民粹派的"民意党"的党员,开始在工人中宣传进步思想,并接受了马克思主义的教育,可以说他已成为"民意党"和马克思主义立场之间的人。他带回的马克思和恩格斯的著作经

常成了沃洛嘉的课外读物,有时他还同哥哥为某种观点争执几句:

"你说是先打倒压迫阶级,还是先让被压迫阶级醒来?"沃洛嘉经常提出这样的怪问题。

"当然能先打倒压迫阶级算最省事的了,先让大家醒来是很不容易的事。"沙沙说。

"可是打倒他们更不是一件容易的事,刀柄子都在他们手上,要人去夺,怎么最容易夺回来?"

沃洛嘉幼小的心灵中就开始这么想,有力量先要靠人,靠大多数人。他总能成为孩子们的核心人物就在时时实践着这一点,主动亲近占多数的贫穷的"下层人物"的孩子,乐于助人,在困难的时候挺身而出地帮助他们。

奥赫特尼科夫,一位楚瓦什人,家里贫穷得有时揭不开锅,谈不上进学校,凭自己对自然科学的天资和爱好他自修完了中学课程的数学,很想再深造,可又必须进行一次中学毕业考试,拉丁文也在内。对一位俄文基础很差的楚瓦什人来说,这不是一件容易的事,对一位学习语言学和社会科学天资太差的人来说自学更不是一件易事。沃洛嘉知道这一情况后,不顾自己高级中学毕业的最后两个学年的功课,担负起他的文科辅导任务。

沃洛嘉既当学生又当老师,不要同学家里一分钱,课余的星期天坚持给他上辅导课,苦心用一年半的时间补完他8年的拉丁文全部功课。

奥赫特尼科夫和沃洛嘉同年参加了中学课程的考试,让这个贫穷的孩子实现了自己的理想,升入了大学。

沃洛嘉在给同学作功课辅导时,他的一节节引例也在注意培养自己和他人的劳动能力和严谨的工作思维方式:

滴水穿石,不是靠力大,而是靠常滴。
博学多才,不是靠力大,而是靠多学。

哥哥英勇牺牲

1887年,爸爸去世不过一年,沃洛嘉又正处在高中毕业的最后一个学期,灾难又向未满17岁的沃洛嘉当头一棒。

外地的亲戚把沙沙和姐姐被捕的信,托交给住在辛比尔斯克的沃洛嘉小学的一位老师,卡什卡达莫娃收到信后就立即派人到学校从课堂上找来了沃洛嘉。

沃洛嘉看了又看转来的信,眉头紧紧拧在一起,光亮的额头奄拉地贴在了这封像扎满了针棘的信上,神志凝滞了许久。

站在卡什卡达莫娃这位小学老师面前的,不再是从前那个快乐的、顽皮的小孩子,已是一个成年人。他摇了摇头说:"这事很严重呀,对沙沙也许会有最坏的结局。"

沙沙因参加暗杀沙皇亚历山大三世,在彼得堡大学被捕,姐姐也受株连。沃洛嘉是全家第一个得知这一沉痛消息的人,他回家只好婉转地把消息告诉了妈妈。

妈妈丧夫的哀思尚未抚平,两个孩子又遭横祸,这位刚毅的女性一时也像秋霜下的嫩苗,要不是沃洛嘉搀扶她坐在床沿上,真要昏倒在地。

这之前,沙沙在校外领导过工人小组,但是当时社会民主主义活动还没有基础。工人还不多,而且很分散,思想又不很开通,知识分子很难去接近他们,加上沙皇专制政体的压迫非常残酷,稍微想和人民交往就要被关进监狱,放逐到西伯利亚。不仅是和人民接触,就是大学生组织一些最无害的读书小组和联谊小组也要被迫解散,学生要被驱逐回乡。就正如沙沙当初对沃洛嘉所说的,要让被压迫阶级醒来真是件不容易的事。

只有那些一心想往上爬和追求安逸生活的青年,才对这种制度无动于衷。比较正直的真诚的人都热情地投入斗争,想竭力动摇,哪怕是稍微动摇那些使人们窒息的专制围墙。

沙沙感到再也忍受不了残酷压迫全国人民的专横暴政,毅然舍弃了大学已拟聘他为教授的前程和他爱好的自然科学,自幼以勇敢、刚强被人称道的沙沙,为了保护同志们,他在法庭上承认了由他担负着准备炸弹的危险工作。

尽管妈妈上下活动想凭她的力量挽救沙沙,可作为谋杀案的主要领导者之一,哥哥还是被判处极刑。5月8日执行,被绞死在监狱里。

沙沙被判处死刑的消息传到家里时,全家人除沃洛嘉外都号啕大哭。

这时,沃洛嘉也想起了哥哥常抚摸自己头的那只温暖的大手,哥哥苍劲有力的字和语重心长的话语,看到了书架上哥哥省下零用钱给自己购买的复习资料……昨天还想到过曾向同学许诺,要把另一只老鹰抓下来送去给哥哥吃……

沃洛嘉一个人久久地待在暗角里,他却没有哭,没有流泪,泪水已被压抑成新的强大的力量。他好像在对自己心里一个什么尊严的东西在发誓:"我不哭,哭有什么用呢?我要替哥哥报仇!报仇!"

从那时候起,沃洛嘉的性格有了明显的变化,他变得很沉默,一种少见的严肃。

沃洛嘉是哥哥的追随者,什么都"像沙沙一样",而现在他却在考虑哥哥造反的斗争道路是否正确?

"不能再像沙沙一样!"

"不,我们不走这条路。应该走的不是这条路。"

哥哥的被杀,沃洛嘉不得不考虑到自己的终身事业问题。他清楚地认识到,必须反对的敌人是专制制度、地主、资产阶级和一切剥削者。他知道爸爸终身从事的文化教育工作和外公从事的"治病救人"的工作都不能推翻剥削者和最终解放人民。但是,他也知道采用恐怖手段不能取得胜利,而只会造成障碍。"民意党"谋刺亚历山大三世成功了,但是另一个沙皇又取而代之。沙皇二世不存在了,可沙皇制度依然存在。许多高级的警察官吏被杀死了,但这并没有摧毁沙皇、地主和工场主的政权。而最重要的是,这种斗争方法对于组织劳动群众和提高他们阶级觉悟毫无帮助。它反而对工作有害,因为革命党人的全部精力都浪费在恐怖活动上;它破坏了革命党人同群众的联系,给革命党人和全体人民对于反对专制制度的任务和方法造成极其错误的观念。

哥哥英勇地牺牲了,一颗种子在哥哥的热血中破土而出。

沃洛嘉向哥哥留下的马克思和恩格斯的著作请教,劳苦大众应该怎样进行革命斗争来谋求自身解放?

姐姐的劝告

在当时俄国寂静沉闷的年代里,广大群众还没有登上斗争的舞台,"社会民主党"也还未诞生,唯有大学生这个阶层情绪激愤没有像其他社会阶层那样消沉,大学生中间又在个别发动。

参与谋杀沙皇事件的几乎全部都是大学生,这一年,政府对大学生的控制就更加严密,规定大学生穿军服,在大学设立学监,进行极严格的监视和密探活动,解雇那些自由思想较浓的教授,禁止成立包括同乡会在内的任何组织,开除和放逐许多曾经被当局稍微注意的大学生。这一切,使大学生在学期开始的最初几个月就激起了愤怒的情绪。

从9月起，全国各大学陆续掀起了浪潮。沃洛嘉很快团结了周围一些进步的同学。12月4日，喀山大学举行集会，强烈要求面见视察员，不肯散去；当视察员出现时，大家向他提出了许多要求：

"撤销大学学监！"

"驱逐密探！还我学生自由！"

"给劳动父母自由！"

"反对剥削压迫！惩治腐败！惩治恶霸！"

……

"额头闪光的沃洛嘉站在学潮集会的最前排，异常激昂，领头振臂高呼，几乎自始至终是紧握着拳头……"视察员向为沃洛嘉奔波的妈妈严肃指出。

当日午夜，警察在家里将沃洛嘉逮捕，全校被捕的人，监禁几天后全都被逐出喀山。

"小伙子，你干吗要造反啊？要知道你面前是一堵墙。"押沃洛嘉的警察局长讥笑他说。

"是一堵墙，不过是一堵朽墙，只要一推就会倒的。"沃洛嘉毫不犹豫地回答。

沃洛嘉被喀山大学开除了学籍，也结束了这位17岁孩子的校园生涯。他被放逐到离喀山40俄里（1俄里≈1.0668公里）的柯库什基诺村，也就是他小时候经常随爸妈去歇夏的外婆家。好不容易，妈妈才争取他在外公家自置的田庄里同姐姐安娜一块受公开监视。

姐姐受哥哥株连后，被判处在西伯利亚受公开监视5年，经妈妈的奔走，改为放逐到这个村里。这个田庄的五分之一是属于妈妈的，管理田庄的是两位舅母。妈妈又带弟弟妹妹搬到这里来，全家住在一位舅母的厢房里。

厢房简陋,非常寒冷。这里连邻居也没有,沃洛嘉孤独地在乡村度过第一个冬天。

哥哥被杀以后,亲戚朋友到家里来往的少了,都怕受株连。表兄弟也很少来。只有负责检查的警察局长来巡视姐姐和沃洛嘉在不在,是否又在向农民做宣传——这就是他们家看到的全部的外人。

妈妈在厢房里藏了很多书,沃洛嘉也显得不怎么寂寞,已故的舅父是个有学问的人,有些旧杂志上的文章还是很有价值的。沃洛嘉还通过舅母家的工人向喀山的图书馆借书,又订阅报纸。

当从城里捎来装有书信的筐子时,沃洛嘉远远迎出抱住它,第一个急切地打开它,眼看信件刨完了,他还要在里面反复摸摸,似乎还要摸出什么来。晚上,全家人又坐着写各自的信,准备各类邮件和要退还图书馆的书。第二天清早,舅母家的工人就要将这个满满的包装好的邮筐子带走。

一个深夜,妈妈和弟妹们都已经入睡了,平常几乎不写信的沃洛嘉匆忙地在写一封长信,而且神情还很激动。经常同他交谈的姐姐还没入睡,姐姐问他:"你写信给谁?"

"写给一位在大学的中学同学。"

姐姐要了他的信看看,原来是写给他南方一所大学的同学,信中非常激动地描述了他在喀山组织的学潮和他被开除放逐到这里的情况,并询问他们大学的情形,直言不讳地探讨人生的理想等。

"我亲爱的弟弟,你这是一种冒险的行为……"姐姐担忧地告诉他。

要说服沃洛嘉总是不容易的。他情绪激动地在房间里踱来踱去,还兴致勃勃地跟姐姐说,他在学潮中是怎样用辛辣的字眼讽刺视察员和政府官吏的。

"我亲爱的姐姐,你真胆小,是不是已被吓倒了?"他反问起姐姐来。

"……给你同学写这样内容的信,会使同学遭到危险,受人注意,甚至被开除学籍的。"

经姐姐的一番解释,沃洛嘉冷静地考虑了一会儿,最后完全同意了姐姐后一个理由。他去厨房惋惜地从筐子里拿出来那封生怕惹祸的信。

几个月后,沃洛嘉又从那箱子里打开他这封没有寄出的信,又一次激动地读给姐姐和来家里的表妹听。

"感谢姐姐对我的一次劝告。"他沉重地说,"烧了它,捎给我亲爱的哥哥吧!"

沃洛嘉说着,真的把他的这封长信,也许是他人生的第一封长信,郑重地焚烧了。

火光照得沃洛嘉的脸膛绯红,宽敞闪亮的额头像面凸透镜似的,上面也正在熊熊燃烧着一把火苗……

最后一支烟

沃洛嘉常常坐在堆满书籍的炉子上,认真思索在舅母家了解的农民的一些情况,同时他开始阅读马克思的著作。喀山有个秘密革命小组,他很快成了其中的中坚分子。

由于全家受到特别的监视,朋友们几乎不到这里来,通常是沃洛嘉到他们聚会的地方去。到了春天,小组活动更加频繁活跃,沃洛嘉晚上经常不在家。

每当姐姐下楼到沃洛嘉的房间时,他就会手舞足蹈起来,高兴地讲马克思主义的原理和这些原理所开辟的新境界。每当他发现新的思路时,他很快去找小组里最钦佩的民主党人切特维尔果娃婶婶。在得到她和一些青年的支持后,沃洛嘉就利用小组学术活动的机会开始演讲马克思主义的理论原理。

有了马克思主义小组活动,沃洛嘉真是如鱼得水,几乎忘记了自己是个被开除学籍流放的人,他兴奋得竟然开始抽起烟来。妈妈向他解释说:"沃洛嘉,我亲爱的孩子,你要谨慎一点,你是有人监视的。参加活动可以,别过于高兴得露头,引人注意。要立大志成大业,首先还要会保护自己,人是革命的本钱。刚走上社会,千万别染上坏习气,外公常说抽烟对身体健康是有危害的。"

妈妈幼时受严厉的姑母的教育,很早养成了劳动、俭朴的习惯,外公对女儿也采取斯巴达式教育:女孩们无论夏天或冬天都穿短袖敞领的普通花布衣裳,并且这种普通衣裳每人只有两套替换。饮食也很简单,甚至在他们长大以后也不给喝茶和咖啡,从医的外公认为这都是有害的饮料,吸烟更是禁忌。

沃洛嘉坐在炉上,还在静静地抽着烟,他分明听到了妈妈的话,即使反感也不会与妈妈直接辩驳的,觉得妈妈主要是在怨他晚上经常出门,很晚才回家。

"可怜天下父母心。"沃洛嘉自言自语地说,又猛抽一口烟,还竟然有滋有味地把烟吞进肚里,又慢慢从鼻孔里逸出来。

"在自己没有薪水之前,过多地浪费,即使几个戈比也是不应该的。"妈妈见他的烟抽得似乎上瘾了,很担忧地加重了语气。

"全家只靠妈妈的抚恤金度日,自己成了长子,大学也没读成,又找不到一个挣钱的职业,不能替操劳和过早衰老的妈妈担当一点家庭负担,还……"沃洛嘉在想,似乎突然发现妈妈脸上的皱纹增多了,背也略显佝偻了,早没了爸爸、哥哥在世时的那份生气活泼,几度搬家流浪,她的钢琴虽然还带在身边,可很少听她弹奏,即使偶尔一曲,也听不到小时候妈妈手指下飞出的烂漫快活

的音符。

一支仅仅抽两口的香烟,在沃洛嘉的手指中被一折两截。两截抛落在地的残烟在地上垂直升起一缕乳白色的烟雾。

妈妈还有什么说的?这么好的孩子,多像爸爸和哥哥。妈妈想笑,笑不出,眼睛潮湿了。

妈妈就说这一回,沃洛嘉立即并永远地戒了烟。

被开除学籍、流放的重大收获

喀山已有了几个马克思主义小组,由于秘密工作的要求,小组之间不联合在一起,也不能相互见面,有些组员甚至不知道有其他小组的存在,即使猜测出也不知道小组里的成员是谁。一般没有特别必要是不准说出姓名的。当时在喀山的中心小组里有一个很积极的青年革命家费多谢耶夫,他在中学的最后一年就被学校开除了,以后积极从事革命活动。沃洛嘉很羡慕他,却又不认识他。中心小组还有了收藏秘密书籍和违禁书籍的图书室,还有重印地方出版物和翻印稀缺秘密书籍的技术设备。

小组影响扩大,东窗事发。

1889年7月,费多谢耶夫被逮捕,沃洛嘉的小组里也有好几个人被捕,小组被打散。

沃洛嘉因两个月前随全家迁往较为偏僻的萨马拉,侥幸躲过了喀山的这次迫害。

住在萨马拉这个风景幽静的田庄,沃洛嘉听不到喀山的警报声。他在自觉或不自觉地实践着妈妈"要立大志成大业,首先要会保护自己"的忠告,他整日像身边翻飞的鸟儿,为了日后的发展在苦心筑巢和博取御冬的粮食。

夏天,沃洛嘉在一条浓密的菩提树荫下给自己搭了一个隐蔽的窝棚,里头放一条凳子和一张桌子,安置成自己的"书房",每天早饭后,那里像有一位严厉的教师在等着他,他带一大沓书准时到那里去,独自一人静心攻读,一直坚持到下午3点钟吃午饭时为止。

为了不妨碍沃洛嘉学习,姐姐她们谁也不到这条林荫道上去。

沃洛嘉上午做大学的功课,吃过午饭后就拿着如马克思的《资本论》第一卷、恩格斯的《英国工人阶级状况》和《共产党宣言》等一些理论书籍又跑到"书房"去。晚饭前散步、洗澡,晚饭后他为了不让蚊子飞进房里,他就在小台阶上点起一盏灯,又埋头读起书来。他每天几乎都是这样紧张而有序地学习着。

沃洛嘉也善于休息,每天吃饭和散步时他会给全家人带来欢乐,谈笑风生,诱人的笑声引得林荫道旁的鸟儿倾慕。

紧张的学习中,沃洛嘉除了长途散步外,还在他的住宅里的一角靠近桌子的地方立一根7英尺高的杠子,他每天按时在这两根柱子的横木上做鹰翔燕舞般的单杠运动。

来到萨马拉的乡下,离大学更遥远了,沃洛嘉倍加渴望着能重新上大学。而自己和妈妈的争取都被坚决拒绝了。最后,通过爸爸生前在教育部门的同事和朋友说话,总算准许他参加国立大学的考试。

1891年春,沃洛嘉第一次去了首都彼得堡,参加彼得堡大学前一部分的考试。正在这时,在彼得堡上高等女子学校的妹妹欧丽娅患急病。沃洛嘉考前送妹妹进了医院,见后来病情恶化又拍电报要妈妈也来到了医院。谁知等沃洛嘉前一部分的考试结束时,妹妹被伤寒夺走了生命,再也听不到二哥的呼唤和妈妈的哭声。

沃洛嘉经过短短一年的自学,没任何人帮助,也没有参加任何学年考试和学期考试,用两年的时间完成四年的大学法学系学习任务,并以优秀的成绩获得了国立大学毕业文凭。

"沙沙,我亲爱的哥哥,这也是你的文凭。"沃洛嘉捧着这个沉甸甸的文凭,是哥哥生前没有获得而被人收缴的一张彼得堡大学的文凭。他心里在默念着告诉哥哥,激动得手在颤抖,热泪盈眶。

朋友和同学都羡慕沃洛嘉,许多人感到惊奇。一个被开除的大学生,又遇到家庭的诸多不幸,竟然通过自学与他原在校的同学同时毕业,就像未曾被开除学籍一样。

人们更惊异地发现,这个只有21岁的青年,就能阅读德文、法文书籍,又懂英文。沃洛嘉将马克思、恩格斯的德文版《共产党宣言》用俄文翻译出来,译文抄本在萨马拉的进步青年中广泛流传。他又同拉拉扬茨在萨马拉组织了一个同铁路工人有联系的马克思主义小组。

沃洛嘉广泛地同与社会民主派观点对立的民粹派接触,从中获取驳斥对方观点的材料,并有意与农民中的贫民和富农接触,与商人接触,从各方面掌握了俄国农村经济、农民生活的综合材料。

在萨马拉四年半的时间里,沃洛嘉的厚厚一本细小而字体清晰的手抄本,在社会各进步团体中开始流传。沃洛嘉在菩提树荫下的窝棚里完成了他人生第一部论述俄国农民生活状况的科学著作——《什么是"人民之友"》。

《什么是"人民之友"》抄本的末尾,第一次作出这样科学的预言:

……俄国工人就能率领一切民主分子去推翻专制制度,并引导俄国无产阶级(和世界各国阶级并排地)循着公开政治斗争的大道走向胜利的共产主义革命。

《什么是"人民之友"》拆穿了民粹派"民意党"人的西洋镜,说他们想和沙皇政府妥协携手,他们是富农利益的代表者,是反人民的。只有相信马克思主义的人,才是人民真正的朋友,因为他们是主张根本打倒资本家的压迫和推翻沙皇政府的。

书中说明工人阶级是革命的领导阶级,农民是革命的重要帮手,工人和农民联合起来,一定可以打倒沙皇、地主和资本家。

这本书后来虽然只秘密印了几十本,可是那时许多人都轮流读到了,刚刚加入革命的年轻的斯大林也在梯弗里读到了这本书。

在喀山和萨马拉被流放监视的5年内,沃洛嘉在省城和僻静的田庄不知不觉地成长起来,人的体魄面目和思想觉悟在这个时期最后形成和确立起来,并已发展成为马克思主义革命家,找到了人生奋斗的目标。

沃洛嘉获得国家文凭后已告流放监视的结束,也在萨马拉地方法庭找到了一个律师助理的职业,帮农民和受压的少数民族说话。已不用妈妈的抚恤金,开始凭自己薪水独立生活。

这时的沃洛嘉就像振翅跃跃欲试的山鹰,想要立即飞出偏僻的萨马拉。这里仅是流放地西伯利亚到彼得堡的小车站,没有进行革命工作的机会,差不多没有无产阶级,没有大学。他渴望到革命中心,到大工业中心的革命大风大雨里去迎风劈浪。

列宁传

一位不平常的原告

夏天,正是沃洛嘉去萨马拉从事农村调查的最佳时期。一天,他和姐夫一起到了塞兹茵,他们打算在几天时间内从那里到别斯屠热夫卡村去一趟,因为姐夫的弟弟是那里的庄稼人,会给他的调查提供方便。

去那村庄就得渡过伏尔加河,到东岸去。

去东岸的兹塞兰渡口被当地一个富商阿烈菲也夫垄断了。他用一艘拖有驳船的小轮船运渡乘客、马匹和车辆。这个商人禁止其他一切船夫在此摆渡,当其他船夫运载乘客的时候,阿烈菲耶夫便命令轮船追上小船,将全部乘客拖转回来。

"姐夫,我们先走吧!"沃洛嘉不愿等轮船,劝姐夫坐小船过去。姐夫没有回答他,船夫们都不敢运送他们,因为他们怕商人阻拦。

"反正商人又会把你运转回来的,着急也没用。"船夫反倒劝起沃洛嘉来。

"我请了你,付给你运费,过不去不关你的事。"沃洛嘉对船夫说,"如果阿烈菲耶夫真要把小船拖回来,他会因为这种蛮横行为而受到法庭审判的。"沃洛嘉坚决地说。

"沃洛嘉,还是等等吧,别去斗这地头蛇。"

"大家都不去斗,这块天地不眼看长久地属恶霸富商,劳动人民哪里还有出头之日?"

沃洛嘉说服了姐夫,也以先付运费说服了其中一个船夫,他们上了船,向对岸划去……

阿烈菲耶夫正坐在码头喝茶,他看清了沃洛嘉这个秃顶青年的言辞举止,大声喊船夫:"马尔克——你不要跟着那矮个子光头皮青年捣乱,你不知道这个渡口是我花钱租来的吗?我不允许任何船夫把乘客渡到对岸去!"

"反正你们还是得坐轮船,我要派轮船把你们弄回来。"阿烈菲耶夫又轻蔑地对沃洛嘉他们说。

沃洛嘉却根本不理睬这个专横的家伙,更加坚决地主张继续前进。

待小船刚划到河中心,阿烈菲耶夫开始施展他的威风,拉响长长的汽笛,那轮船丢下驳船后飞快地追上了小船。

"嘿,你们渡河吧!现在你们还是得回去。"船夫故意向沃洛嘉这个秃顶青年挑衅地说,"任何法庭都不顶用,他永远有理!"

轮船赶上小船后就停下来了,两三个水手习惯地拿起钩杆把小船钩到船舷。

沃洛嘉向水手们解释:"承租渡口的这件事情一点也不起作用,他租渡口是他的事情,与我们无关,无论如何他和你们在伏尔加河上是没有权利横行霸道和用武力阻拦别人渡船过河的。你们没有这个权利!你们会因这种横蛮行为受法律审判,有坐牢的危险!"

船长反驳说:"我们什么也不知道,船主命令我们,我们就应当听从和执行他的命令。请换船吧!我们不让你们再往前走了!"

沃洛嘉眼看对方要施展武力,也只好照办。他当场记下了所有参加阻拦小船的船员以及这位船夫和其他见证人的姓名。

他们不得不在塞兹兰的岸上再花一些时间等候渡船,也静听阿烈菲耶夫这位胜利者的骄横无理的议论。

相隔几天,沃洛嘉又回到萨马拉后,就去控告阿烈菲耶夫,指责他的蛮横行为。案件的性质本是非常明显的,任何一个法庭都不能否认他的这种行为是蛮横行为。根据当时的法律规定,蛮横行为是要判刑的,并且不能用罚款代替。

　　这个案件是由塞兹兰附近某地的一个地政官审理,沃洛嘉作为原告必须到离萨马拉100俄里的那个地方去出庭对证。尽管案件已经非常明显,可地政官却用某种借口拖延了这件案子的审理。当案件第二次重新审理的时候,已经是深秋了,沃洛嘉又赶到那里去,可是这一次地政官又用各种"理由"刁难,拖延案件的审理。

　　阿烈菲耶夫知道自己所处的位置没有希望,有受到惩办的危险,于是尽力利用他的一切关系使案件一次次拖延下去。他和他的辩护人却根本没想到一个对自己没任何益处的案件,这个矮小的年轻人竟然还会赶到100俄里外的那个地方去质证。他们小看了他,这个人是不能用他们所理解的那种一般的尺度来衡量的,他在自己的道路上碰到的障碍越多,他的决心就越坚决,越不屈服。

　　沃洛嘉接到第三次审理的通知单已是当年的冬天。

　　"你丢开这个商人吧,他们会再次拖延审理的,你去也是白去,只是折磨自己。此外,你要注意,他们那里还恼恨你呢……"妈妈一再劝沃洛嘉不要去了。

　　"不,既然我已经做了这件事情,就要把它做到底。这一次他们是再也不能拖延了的。"沃洛嘉安慰了妈妈。一夜未眠,深夜去赶黎明开出的火车,又早早地在地政官的办公室里等候着。

　　果然,第三次,地政官再也无法拖延了。他和阿烈菲耶夫的辩护人碰到了对于这场战斗做了充分准备的沃洛嘉这样一个矮小的劲敌,无可奈何,只好按法律规定判了阿烈菲耶夫一个月的徒刑。

　　阿烈菲耶夫尽管如何继续活动,最终还是没免除坐一个月的监狱。

　　沃洛嘉在渡口和这种乡间恶势力只冲突了几小时,后来这场官司却前后辗转了半年多之久。

第二章

组建无产阶级政党

不再叫乳名

由于沃洛嘉的成熟和秃顶,连妈妈也不再叫他乳名了,而是叫他"伊里奇"。他前额光秃、学识渊博、处世年轻而老成,于是被彼得堡的年轻朋友们起了"老头子"的外号。工人们则称他为"自家"的"老头子"。

一次,伊里奇在给工艺学院的一些学生组成的马克思主义小组作《论所谓市场问题》的首场演说。开始,那些书生气十足的青年对这个23岁的"老头子"不屑一顾,小组的一些成员早厌烦了用理论性的演说方式来说明日益发展的资本主义建立市场的问题,清高的大学生没人愿意去讲台上替伊里奇倒一杯开水。当伊里奇的演说中展示出大量丰富的统计数字来说明问题,充分运用俄国经济发展的原始材料,层层批驳民粹派关于资本主义经济发展的种种含糊不清、牵强附会的解释,教那些奶油小生的小组成员耳目一新,尤其是伊里奇那种配合演说的恰到好处的手势,和稍往讲台前倾斜的饱满的起伏激动的胸脯,真让台下的女学生羡慕得不愿眨眼……

一时间,向讲台送开水的,为伊里奇搬凳的,在悄悄地行动,动作轻得生怕打断他的每一句话,每个措辞。

一位名叫格·波·克拉辛的大学生说:"和这个特殊的'老头子'相处真感到生活得特别的充实,他一离开,就不知怎的,立即感到生活黯然失色。"

《论所谓市场问题》是伊里奇的第一篇演讲,首次演讲足以表明了一个马克思主义革命者已经出现于彼得堡。他指出了俄国正在发展中的资本主义的矛盾,还指出无产阶级革命家的基本任

列宁传

务是在俄国掀起一个有组织的工人运动。

1893年12月,伊里奇看望妈妈在莫斯科住了几个星期。一天正碰上民粹派领袖沃龙佐夫举行演说的一个集会,到会的大多数是民粹派成员。沃龙佐夫演讲时伊里奇就在一旁插了几句尖锐讽刺的话,这些话大大触怒了民粹派,待他演讲完毕时,伊里奇勇敢走上台发表了自己的反对意见,科学的论据和翔实的统计材料,让沃龙佐夫目瞪口呆,到会的民粹派也不由自主地为他鼓掌。

伊里奇小组一个工人革命家巴布什金说:

> 这位演讲人什么稿子都不看,随口把马克思主义这门科学讲给我们听。他常常设法诱导我们发言或引起我们讨论,然后他推动我们前进,使每个人又不得不把他对某一个问题的正确观点讲给别人听。因此,我们的演讲会变得生动有趣,而我们也开始习惯在大庭广众中讲话了。这一研究方式为学习的人弄清某一个问题提供了很好的方法。我们大家对这些演讲都非常爱听,我们这位演讲人的理智力量使我们大家始终感到兴奋,使反对他的人也无不激动起来。我们常常开玩笑说,由于过度用脑使他的头发过早都脱落了。同时,这些演讲训练我们去独立工作和搜集材料。这位演讲人常常交给我们一些写着问题的表格,回答这些问题需要我们自己对于工厂和作坊中的生活有深刻的认识和观察。

一时间,在彼得堡革命小组中,以伊里奇的演讲为中心内容而进行的讨论,有了特殊的重要性,因为这些讨论不仅对于当前问题的谈论,而且是伊里奇为了训练革命家——"将来党"的领导人——而组织的重要活动。

同时,伊里奇又在研究工厂、工人的基础上,写出了《罚款论》秘密在工人中传阅,工人明白了自己受剥削的很多道理,并自觉发动起来,一夜之间将伊里奇的论文以传单形式贴满工厂的墙壁。

莫洛佐夫工厂发生了工潮,一部分工人被政府捉去了,一部分被赶出了彼得堡,伊里奇抓住机遇,立刻向工厂发散传单,向码头发散传单。

终于,伊里奇第一次成功地领导了莫洛佐夫工厂的大罢工。

就在组织罢工的过程中他看到了"社会民主党"的组织不健全和散漫,开始担心现有民主党担当不起工人革命的重担。他又设法打入彼得堡各革命小组利用各种机会去演说,极力巩固和扩大党的组织,把彼得堡的20个马克思主义工人小组拼成一个"工人阶级解放斗争协会",这样一来,伊里奇为组织马克思主义政党打下了根基。

这个斗争协会中有伊里奇在内的6名中心领导小组成员,伊里奇很快成了工人运动的领袖。

协会组织分作几个区分部,挑选先进的最觉悟的工人当组织员,与各工厂形成密切的联系。各工厂也有组织员,他们承担送消息、发宣传品的任务。每一个大工厂都设有工人小组,一方面学习马克思主义,一方面学习时事政治,事实上各大工厂已成了社会民主党当时的各个党支部。

"'老头子'来了,大家欢迎……"伊里奇每到一处,这处泛亮的光头就成了人群中的中心点,被进步青年和工人们包围着。

伊里奇放弃萨马拉律师助理的工作后,在彼得堡的几年几乎成了无业的游民,经济上"靠妈妈的救济",全凭一种崇高的信仰和过人的智能、真诚、朴实赢得周围人的尊重。

狱中"魔术"

1895年12月20日晚上,伊里奇和他的"工人阶级解放斗争协会"的一些同志被沙皇警察逮捕了。

"记住,别先把这消息告诉我妈妈,不要让她为我的事到处跑。"伊里奇戴上寒光逼人的手铐时,匆匆留给身边同志这么一句话。

伊里奇生怕让妈妈伤心、操劳。他亲眼看到了妈妈曾为哥哥的被捕四处求人说情,妈妈被折腾得憔悴,哥哥一样地被杀。他知道这手铐给自己带来的厄运,却想要全凭自己的能耐摆脱厄运,纵有一死,能为妈妈减轻一点伤害,心里也好受些。

伊里奇住单身囚室,条件还不算很坏。被捕一个月,每周可以探监两次:一次是当面探监,一次是隔着铁栏的一般探监,前者在法警的监视下可连续半小时,后者可连续一小时。一般探监时,法警们来回走着,一个在关着犯人的铁栏里,另一个在探监人后面。监狱喧哗不堪时、法警非常疲倦时,伊里奇会乘虚同探监人谈些忌谈的事情,另外每周可有三次送饭、三次送书的机会。伊里奇已在信中公开了他要在狱中从事研究工作的计划:撰写《俄国资本主义的发展》一书,他充分利用了这一研究项目借阅资料的机会。

伊里奇利用书的借还往返同外面频繁、广泛交流着,他在信内的一张开列了许多科学书籍的书单中,巧妙地穿插着询问同志们被捕的情况。他在这些穿插的书名后面打上问号,好像开书单的人在问这凭记忆开列的书单是否正确,而实际上他是在示意要打听有关的情况。他想到一些同志的绰号和他所要的书籍性质很相近,他用同志们的绰号借书名来问,这样有的一语双关,问起来完全不致引起注意。

瓦西里·瓦西里耶维奇·斯塔尔柯夫的绰号叫"瓦·瓦",为了打听他的情况,伊里奇就问:"《瓦·瓦·俄国资本主义的命运》?"

瓦涅耶夫的绰号叫"米宁"(地雷),西尔文的绰号叫"波札尔斯基"(火),伊里奇便用柯斯托马罗夫著的《乱世英雄》一书来打听这两个人。这本书和他要写作的题目没有关系,这种询问会引起机警的监狱书信检查人员的注意。但是,它毕竟是一本科学历史书籍,显然检查大批信件的人要想看出这种不相称的现象是要具有极大的敏锐性的。

然而,不是所有的绰号都能这样巧妙地安置在科学书籍的目录范围内的,伊里奇便在工作上真正需用的书目中夹着一本勃烈姆的《论啮齿类动物》的书名,这里的问号显然是向同志们了解克尔日札诺夫斯基的情况,因为他的绰号叫"金花鼠",还有一个用英文写的书名是玛丽·莉德著的《论鱼》(The Mynoga)是在问娜捷施达·康斯坦丁诺夫娜·克鲁普斯卡娅,那位经常大胆瞅住伊里奇不放的革命小组成员的女大学生,她的笔名是"鱼"或"八目鳗",书名后的问号意在:"我亲爱的'鱼',你现在怎么样?"这些书名难免不引起书报检查员的注意,可伊里奇在信前又说上一句先见之明的话:"各种不同的书能够调剂单调的环境",就这样,麻痹着检查员,顺利通过检查。

来信对书目《乱世英雄》的"雷"和"火"作如此回答:"图书馆只有第一卷。"伊里奇知道了:这两人中,同他一起被捕进监狱的只有瓦涅耶夫,而没有西尔文。

伊里奇也真的像有先见之明,他在入狱前便教过姐姐密码通信的办法。因此,姐姐及姐夫和伊里奇通信最频繁,他们相互在信中字母中间点上不明显的黑点或画上短线,并用预先约定的记号

交流一些不能公开的事情。

这种密码通讯对他们的眼睛是有害的,但它能把探监和写信无论怎么转弯抹角也不便交流的一些秘密消息传送给对方。

隔着栅栏相会时,他们交流的内容更是丰富而有趣的。他们用种种暗语谈话时,遇到像"罢工""传单"之类不便说的字眼,便插进一些外文名词。有时说完后,对方了解伊里奇绝妙的隐语时,竟会高兴得大笑起来。

一次,弟弟和伊里奇说的外国名词太多了,法警便在伊里奇背后严厉地说:"不准说外国语,只能说俄语。"

用密码写信也毕竟是很有限的。他看到妈妈送来的牛奶,伊里奇想到了爸爸教给他的一种儿童游戏,用牛奶把字写在书的字行中间通过探监人带出去,然后将书页在灯下烤一烤,牛奶字就会显现出来。因此,他用黑面包做了许多"墨水瓶",当门响或发觉有人窥探时,他就把黑面包里的牛奶一口吞下去。

伊里奇诙谐地对前来探监的姐姐说:"今天真不走运,我一连吞下了6个'墨水瓶'。"

伊里奇入狱后,妈妈和全家人多数时间是住在彼得堡,姐姐和弟弟是他去彼得堡图书馆借书、还书的主要交通员。他监狱里的一角堆了一堆同圆桌一般高的"书山",这堆书也便于他隐藏一些不便于和来不及销毁的草稿。估计一有宪兵军官到牢房里来例行检查,伊里奇就会悄悄提前闭上囚室里唯一通气的窗户,当宪兵翻了翻屋角表层的一些书籍、表格和摘录,就满头大汗地敷衍一句:"今天太热了,不便研究统计数字。"宪兵军官边说边离开了闷热的牢房。

当然,一些大宗重要的草稿,也是不便于扎进书堆里的。

伊里奇还想到了大宗牛奶手稿出狱后方便抄写和隐藏的方法。他要经常同他接头的女朋友康斯坦丁诺夫娜·克鲁普斯卡娅特制了一张小圆桌。

圆桌是请一位会做木匠活的革命同志照伊里奇的意思做的,小桌只有一只粗桌腿,腿底有个稍大一些的平座扣,可以旋开。在挖空的桌腿内能放很多纸卷。

小桌的外表一直没有引起过搜查人的怀疑,只是由于螺旋经常旋开,旋纹磨光了才没有再用。

一次,伊里奇和姐姐都处在惊恐之中。

所有其他坐监的亲属,在星期四那天都拿到了在当天应当归还的书,而狱吏却简单地对姐姐说:"没有你的。"

刚才在探监时伊里奇向她交代过,他已把书还了。姐姐知道了那是一本用牛奶在字里行间写满了党纲说明的书。

"是否由于牛奶太浓,字母自动显现出来,而被宪兵军官发现了……"姐姐在想,心跳加快,她发现那发书的法警的脸也是阴沉沉的。"向他坚持索要书吗,那是不打自招的……"姐姐痛苦地熬过了一日一夜,直到第二天才得到了弟弟全部要归还的书籍,其中总算也有写着党纲的那一本。

这次,姐姐耽误了探监时间,伊里奇误认为她已被捕。待姐姐到达之前,他已把准备好的草稿销毁掉了。

伊里奇同监狱内的联络也是绝妙的。当知道有中心领导小组成员一同入狱时,他就在设计着放风时偶尔见面一瞬间的交流。

这一回,伊里奇设法看到了克尔日札诺夫斯基,老远向他打手势招引:

> 伊里奇一只手提起自己头上剩存的一绺蓬起的头发,另一只手指着脚下面。

伊里奇传达的意思是:有一位乌克兰人的"同志"在住房的

下面。(蓬起的头发,借指乌克兰人。)

克尔日札诺夫斯基知道协会里有一位乌克兰人,他名叫斯·伊·拉德琴柯,便去和他联系。

"拉德琴柯,我是克尔日札诺夫斯基!"

于是,克尔日札诺夫斯基趴到牢房的地板上,对着通到楼下牢房去的暖气管周围很窄的缝隙,向下面的邻居喊话。

"原来是你在上面吗?"拉德琴柯用低哑的嗓子欢迎。

因这次放风前,伊里奇打探到监狱长干了这桩糊涂事:同案的人居然做了邻居,竟没有按惯例规定从中间把刑事犯隔开。这个年轻的"老头子"就巧妙地利用了这一点。

这新近被捕的拉德琴柯的口供竟和伊里奇等其他几位同案人的口供完全一致,而且他们对这一案件的诉讼程序也了如指掌。"老头子"的计谋天衣无缝,法警即使有疑,这又是不能不承认的"事实"。

也难怪在入狱前后的那些年,"老头子"自信地说:"没有不能用巧计战胜的狡猾。"他真真确确以其特有的机智警觉,在狱中对检察官和宪官们尽显其高超的"魔术"。

"未婚妻"的角色

姐姐为了自己和家人不在彼得堡时也能保持有人经常探监和给伊里奇送书籍、饮食,决定给他找个"未婚妻"。

当时,伊里奇26岁,因忙于革命活动,还没顾得上考虑个人的问题。显然,他的"未婚妻"并没有固定的人选,不论是谁,只要能完成探监送东西的任务,并且巧妙地瞒过监狱当局就行。

姐姐把她的想法跟同志们一说,克鲁普斯卡娅立即表示,她愿意担任这一角色,伊里奇知道后,开始心里一阵暖洋洋的,可他最后仔细一想,不愿意她这样做,他通知姐姐说:"毫不反对找一个不参与其事的'未婚妻',但克鲁普斯卡娅和其他熟人则不应露面。"

伊里奇和克鲁普斯卡娅已是十分要好的革命同志了,姐姐没有作这样的安排前她也想方设法一个人来探望伊里奇。伊里奇入狱后,第一次就是委派她去莫斯科看望妈妈的。1893年秋,伊里奇一到彼得堡,她就听人说从伏尔加河来了一个很有学识的马克思主义者。后来,她又从同志们手中读到了伊里奇的讨论"市场问题"的笔记,对伊里奇的学识很是敬佩。等到和伊里奇在一个集会上见了面,听了他的演讲,她就完全被这位马克思主义者的水平、不屈不挠的革命精神以及良好的个人修养、风度所折服了。到1894年秋,他们俩已相当熟了,他们常在一个马克思主义小组里学习、讨论,一起到工人小组中去讲课。

伊里奇在监狱里也常想起她,他星期天到工人小组上课来顺便要到克鲁普斯卡娅住的房子里和她作长时间的交谈,那般志同道合、火热、甜蜜……两对具有共同理想的眼神碰在一起就谁都不愿意先移开,都在考验着,看谁眼睛能长时间不眨,看谁能看到对方金珠般的瞳仁里的"我"……

尽管伊里奇坚决反对,克鲁普斯卡娅还是勇敢地承担了"未婚妻"的责任,姐姐离开彼得堡后,她以"未婚妻"的身份定期到狱中探视伊里奇,送书、送饮食。

……
　　你心灵中的渴望没有得到满足,
　　你像爱母亲和妻子一样热爱祖国,
　　你把自己的劳动、希望和意图都献给了它,
　　你许多淳朴的心都屈服于它。
　　你呼唤人们走向新的生活,

> 为了严峻的情人,你准备了
> 极乐的天国和花冠珠宝。
> ……

伊里奇的监房里飘逸出轻快、激昂的"口哨"声,这是爸爸常吟诵的他所敬爱的涅克拉索夫的一首诗,伊里奇常又将它和上妈妈常爱哼的曲调。

伊里奇把监牢里的时间分配得很充实,按严格的程序作息和阅读政治、科技和小说书籍,读读写写疲倦了就双手插进两腋的口袋里匆匆踱步,或哼起诗和从牙缝里吹起激悦的歌谱来:

> 起来,饥寒交迫的奴隶,
> 起来,全世界受苦的人,
> 满腔的热血已经沸腾,
> 我们要做天下的主人……

伊里奇写信给家里,问起他坐监的弟弟时说:

> 至少根据我的经验,每天临睡前做体操是很愉快和很有益处的,即使在最冷的天气,在整个囚房里寒气袭人的时候,只要活动活动,也会感到暖和,过后睡觉也舒服得多了。

伊里奇的妹妹玛丽娅·伊里奇娜和他的姐夫叶利札罗夫坐牢时,他写信告诉他们在"孤独"中保持定时作息的重要性,并告诉他们许多从他自己坐牢经验中得到的实际教训。在脑力工作方面,他特别推荐搞翻译:"先由外文译成俄文,然后再译成外文。"他补充说:"根据我的经验,这是一种最合理的学习外语的方法。"

谈到在牢里做有系统的工作,伊里奇写道:"我还劝你按现有的书籍正确地分配学习时间,使学习内容多样化,我很清楚地记得,变换阅读或工作的内容,翻译以后改阅读,写作以后改做体操,阅读有分量的书以后改看小说,是非常有益的。"

伊里奇在狱中也一样是那么幽默、愉快。

"你的草稿要注意随时毁掉。"待宪兵离开一段距离,她小心翼翼地告诫他。

伊里奇却哈哈大笑地回答"未婚妻"说:"我的处境比俄罗斯帝国其他公民都要好,因为现在已不能再逮捕了。"

每当这时,探监的亲人都为伊里奇哭笑不得,又都要去劝他,因为如果被发现了,即使不能再逮捕,也会加重刑罚的,他们会对在狱中写秘密文件的这种傲慢行为判处残酷的刑罚和苦役。

伊里奇一旦发现探监人愁眉不展,就逗人欢笑,这时,就对"未婚妻"唱起平常他喜欢唱的达尔哥梅日斯基的"婚礼歌":

> ……
> 我们举行婚礼不去教堂,
> 不戴花冠,
> 没有烛焰,
> ……

伊里奇把监狱当作了一所特殊的学校,彼得堡 14 个月的单身牢房囚禁的日子里,他为撰写《俄国资本主义经济发展》,日复一日地紧张研究、选择材料、编制各种统计表格,480 多天的囚禁日子不知不觉地过去了。

一天,探监的姐姐告诉他:"亲爱的弟弟,你的案子很快要了结了,不久就能到西伯利亚去。"

伊里奇却很突然地大声回答:"还早呢!我还没有来得及把必要的材料收集齐全呢!"

冲破牢笼的"硬"功

伊里奇在彼得堡的后一段时期患了结核病,他在瑞士的一所医院治疗过,回彼得堡后又紧张地组织"工人斗争协会",根本没注意休息,几乎是带着医院的来苏水味进了牢房。

与伊里奇一块被逮捕的协会成员查波罗热茨,不到一年便得了严重的神经错乱症,后来变成了无法治疗的精神病;瓦涅耶夫后来又在牢房里患肺结核死去;克尔日札诺夫斯基和其他同志也都或多或少地有些神经不正常。

这之前,当伊里奇获悉狱中的同志有困难时,就尽可能地利用放风时鼓励大家,有时写上一段鼓励的话,偷偷用黑面包裹着放在放风路过的走道栅栏上,不出他的所料,也准能让后面放风路过的这个同志获取"面包"……

尽管如此,伊里奇还是没有从根本上挽救他们。

监狱里的一些同志倒下去了。伊里奇的脸色也在一天天发黄。

眼看伊里奇的结核病没有痊愈,监禁生活更是雪上加霜,妈妈想办法每天派人给他送一点牛奶,这点牛奶对于一个有结核病的人来说本来是有不少帮助的。

伊里奇却舍不得喝它,他把面包心子挖掉,把牛奶倒在面包壳里,蘸着牛奶写一些秘密文字和传单,指导铁窗外的革命同志继续开展活动。

探监的亲人都劝告伊里奇:"你要保重一点,以后写的时候多着呢,这些牛奶先拿来喝了,对于你的身体是很有好处的。"

伊里奇听了只是爽朗一笑,转眼又看看身后,继续把脊背向着牢门。

"我在仔细听着,你们也帮忙看看,后面有人来马上通知我。"于是,他又弯起腰,迅速地写了起来。笔尖在纸上沙沙响,这好像就是对亲人和同志的回答。

就这样,伊里奇在牢笼里用牛奶写了大量文章,并且开始写他的第一部马克思主义巨著《俄国资本主义的发展》。为了完成这些著作,他在监狱里先后读了上百本书,并一直坚持学外语,翻译外文资料。

每逢有人沉甸甸地拖着整筐整筐的书籍从牢房行廊走过时,监狱里的人都知道这是给"老头子"的"粮食",只有伊里奇才能够吞掉这么多书。

伊里奇读书的快而认真特别惊人。一本书哪怕是极快地溜一溜,就能切实地掌握它的内容,真像常人习惯所说的:野兽都自己跑到猎人的铳口上来了。他看过的书,页边上写满了批语,正文里打满了着重号,有的标有辛辣的、一针见血的和肯定的"哼哼!""哈哈!"等感叹语,其中所表露的褒贬定会把你牢牢地吸引住。

伊里奇读书写作累了便做操,沿着墙角散步,扳着铁窗或门台、床沿练臂力和腰劲,无论寒冬腊月,还每天坚持用冷水擦身锻炼⋯⋯

伊里奇身陷牢房,时刻关心彼得堡郊区的工人运动和协会的活动。

1896年春,正当地主、资产阶级和沙皇的一切仆从庆祝尼古拉二世加冕典礼,他适时在监狱中组织工人纪念巴黎公社25周年,向法国工人致敬。这期间,他彻夜不眠,在监狱中秘密写传单,借机组织彼得堡3万纺织工人罢工,接着,莫斯科纺织工人也大罢工⋯⋯大罢工席卷全国,沙皇政府惊恐不安,尼古拉二世几次推迟

了从南方返回彼得堡的时间。

1897年2月的一天终于接到判决：

伊里奇流放西伯利亚三年。

按当地规定,流放充军的人可在家里自由逗留三天,这时,多数人是同家人合欢,上剧院看戏,轻松轻松。

伊里奇出狱时,虽脸色苍白、消瘦,可精神焕发,他第一次坐上马车,到彼得堡大街小巷去看望同志们。三天里在家里与妈妈和姊妹们长谈一夜,第二、第三天两晚上先后到两个小组成员的家里去了,开会讨论国内政治形势,抨击一些同志放弃革命政治斗争的意图。

巧妙的会面

伊里奇在克拉斯诺维尔斯克停下来,设法尽可能地拖延到遥远的流放地的旅程,利用途经最后一座小城的便利做些有利的准备工作。一下车,他赶到了地方图书馆去为流放地的写作继续寻找资料,又去组织那里的流放者,会见要从克拉斯诺维尔斯克流放到西伯利亚各地区去的革命伙伴。

这时,伊里奇想到了一个早年已被捕的费多谢耶夫,他一直在想念这位同自己一样因起事闹学潮而被开除学籍、当时喀山的马克思主义中心小组组长。在喀山大学读书时伊里奇就羡慕过费多谢耶夫,后又读到了他的手抄本《俄国农奴制崩溃的原因》。

这部著作深刻地论证了俄国1861年改革的实质,指出改革的原因不是由于上层少数人的自由主义情绪引起的,也不是由于政治上的见解。费多谢耶夫看穿了所谓与其等着从下而来的"解放",不如从上面去"解放"农民的上层改革者的"意图"。他从纯粹经济的角度入手,指出波罗的海沿岸拥有较高形式的农场等许多开明的大地主,所以都赞成"解放"农民,是因为过渡到自由雇佣关系对他们的经济发展更为有利。农奴制关系阻碍了集体化和合理化农业的进一步发展。

对于费多谢耶夫这样年轻的马克思主义者来说,最重要的是大胆联系实际,驳斥对劳动群众有害的偏见,揭穿关于"解放"农民的谎言,证明当时的这种改革只是更利于统治阶级的,即使不是全体,但至少对他们当中最有钱、经济实力最雄厚的一部分人是有利的保护。

伊里奇从《俄国农奴制崩溃的原因》一书中,深感费多谢耶夫是才气出众的难得的革命家,当然也发现了费多谢耶夫心胸狭窄的一面。

遗憾的是多年来未曾与这个当年的喀山马克思主义小组的"中心领导人"谋面,他一直在寻找这位同志做朋友。

"费多谢耶夫正关在克拉斯诺雅尔克监狱,也准备押解到西伯利亚去。"当他得到这个消息时,迫不及待地来到离监狱不远的地方。

第二天,监狱里来了一部马车,马车上拉着几个早已从这监狱释放出来的去流放地的人。

"你们怎么又回来了,监狱还没坐够呀?"

"是呀,坐你这监狱很舒服,想把这牢底坐穿,与你终身做个伴。"车夫很大方地跟门口的卫兵开玩笑,又幽默地说,"这些年劳你在守卫着,临走时忘了打个招呼,是专程赶回来向你道声谢的。"卫兵听了车上几个人返回的缘由,是忘记了带走自己的东西回来取的。于是,对着那个风趣的车夫微微一笑,放了行。

护兵一点也没有察觉,倒还高兴地让这化装成车夫的伊里奇

列宁传

带车进入监狱里。

在发还犯人东西的库房里,这几个流放者要求见一见政治犯的"班长"费多谢耶夫。伊里奇利用他们慢吞吞装车的时候,与这个他久仰的费多谢耶夫见了面,一开始就同他亲热起来,他们又简单交流了伊里奇想好的问题,并都用心记下了对方流放的地点。

"同志,请多加保重,革命成功,后会有期!"伊里奇轻轻地、深深地同他道别。

流放西伯利亚

西伯利亚,这个全球最大的、最恶劣的寒风口,一个飓风、雪花、冰冻、苍白、密林、荒凉的世界……

伊里奇住在农民的一间小房子里,好在那里物价便宜,头一年发给流放者8卢布(俄国货币单位)的补助金,也勉强可支付农户的房租和生活费用。

伊里奇给妈妈的信诙谐地称这个舒申斯克村为"舒-舒-舒",他安慰妈妈说这里是个"很好"的村子,可是他给妹妹的信中描述了真实的情况:

> 村子很大,几条街道都非常脏,尘土很多——完全是通常所想象的那样的农村。它在草原上,没有果木,甚至可以说是一片不毛之地。村子四周……堆满了牲口粪;这里的人不把牲口粪远送到地里去,就那样堆在村子周围,所以要出村子,总得经过粪堆。村边有一条名叫舒什的小河,现在河水已经变得浅了,在离村子一俄里到一俄里半的地方,舒什

河流入叶尼塞河……

　　村子的另一边(与舒什河相反的方向)大约一俄里半的地方,有一片森林,农民们郑重地称它为"森林",而实际上只不过是一片很不像样的、横遭砍伐的小树林,那里就连一片比较大的树荫也找不到(但是草莓却很多),这和西伯利亚原始森林毫无共同之点。

　　伊里奇和当地的农民很快成了很好的朋友。一个叫茄腊夫列夫的农民敢带头反抗富豪;一个叫李斯帕提奇的农民常带他去打猎,每次出门都要带些野味回来,为他提供生活补给,这里的农民没把他当流放犯看待,把这个年轻的秃顶人视为"尊长",家里有好吃的东西热腾腾端着送来,农民和农民的妻子也常来伊里奇那里去向他诉苦,请他帮助出主意。他还曾帮助一个被金矿主无理解雇的工人在法庭上得到胜诉。

　　这个边远的村子里还有两个流放工人,可一起闲聊。伊里奇还利用迎接新年、参加婚礼或庆祝命名日的机会去50俄里或100俄里以外的村子去看望同志们,或者邀他们来这里会面。只是在这三四天里才玩得最尽心愉快。夏天,大家外出散步,到远处去打猎、游泳;冬天,大家溜冰或下棋。他们谈论各种问题,阅读他的著作中的某些章节或讨论文学或政治上的各种新的派别。为了驳斥上面提倡的反对无产阶级政治宣传的一本书信体的《信条》,伊里奇借祝贺勒柏辛斯基女儿的诞生之机把大家聚在一起,起草了一篇《社会民主党人的抗议书》,17个流放者签名,文章传遍整个西伯利亚东部的民主党人手中。

　　第二次设法去拜访费多谢耶夫,不料,他却因同周围当地移民的关系没处理好而在雅尔霍连斯克自杀了。这件事真叫伊里奇痛心。回到村子后夜里为他流过泪,可又摇头为自己的泪水忏

 列宁传

悔过:"有才有志,却不开朗,心胸狭窄,终难成大业……"

在这里,伊里奇给几位斗争协会的同志每周两封信。在他们当中,伊里奇最能准时回信;马尔托夫流放到其他地区,书信联系最密;克尔日札诺夫斯基只相距几俄里,他第一年以某种借口获准到舒申斯克村与伊里奇同住好几个星期。

即使有朋友同伊里奇一块生活,他每天的工作、劳动、学习安排仍然精打细算,不轻易打乱日常的作息秩序。

清晨,伊里奇精力特别充沛,常找朋友角力一番,或者玩闹一阵,并一直要对方认真地和他较量一番才肯罢休。接着是短时间的散步。然后走进小屋子,扑进堆得人头高的书堆,开始按计划进行学习。根据统计册子准备的材料,研究哲学,阅读俄国和西欧的经济学著作,中间休息时也读读小说。

报纸自然来得很迟,而且一下子来一大堆。但伊里奇却有个巧妙地系统阅读这些报纸的办法:他把迟到的报纸按时间先后顺利排好,分配在每天阅读,但他只按日期读一天的那几份报纸,结果就好像他每天都收到报纸似的,只是日期上往后推而已。

一次,克尔日札诺夫斯基故意从中抽出几张最新的报纸读起新闻来,打乱他的这个节奏。

"捣乱,捣乱……"伊里奇连忙捂住耳朵,并为自己这种方法的优越性竭力辩护,"我这按秩序排好的报纸,是每天储备着的一份'粮食',也是每天的一种新的希望,是瞎子口袋里手摸可触的希望,也是看得见的能熬过长夜的灯油的希望。"

一年以后,也就是1898年春天,克鲁普斯卡娅因"斗争协会"的事被判处流放乌法两年。但这位伊里奇狱中的"未婚妻"坚决要求流放到西伯利亚来,并还争取了流放到伊里奇的舒申斯克村。

"未婚妻"带伊里奇的妈妈一块来了,伊里奇惊喜交加。伊里

奇来到流放地又是一年多没见到妈妈了,他一眼看去,妈妈真的老了,泪水夺眶而出——"我亲爱的妈妈,儿子叫你受苦了……"妈妈为了几个孩子没日没夜地奔波操劳,因受自己的株连,有时竟然几个孩子同时被捕……只见妈妈那灵巧的会弹钢琴的手指枯槁得像柴梗,脸上已布满数不清的皱纹……

来这里后,梦中也几次看到"未婚妻"那双水灵灵的会说话的眼睛,可一觉醒来,却不愿意这朵鲜花插在这方圆几千公里荒凉的地方而亵渎了她。

她也来了,却又真切地跑到了这个不毛之地,来到了自己的身边。

"亲爱的,你比我想象中的伊里奇要强壮健康多了,漂亮多了。"克鲁普斯卡娅轻轻地说着,还是那种听他演说时认真看他的那种妩媚的眼神。

第二天,农民为伊里奇搬进了一间稍大的房间,他开始在西伯利亚过起了家庭生活来。

7月22日,这里的农民朋友和流放在附近的同志为这两位新人举行了简朴的婚礼。

伊里奇深情地又唱起达尔哥梅日斯基的那首"婚礼歌":

> 我们举行婚礼不在教堂,
> 不戴花冠,
> 没有烛焰,
> 没有人为我们唱那赞美歌,
> 也没有民间的结婚仪式!
> ……

伊里奇同妻子半躺在床头,打开了照相簿,其中两张车尔尼雪夫斯基的相片又吸引住他。"他是一个伟大的、彻底的、不屈不

挠的革命家和学者。"伊里奇自言自语地赞叹,不由津津有味地向妻子朗读起车尔尼雪夫斯基的小说——《怎么办》……

第一部巨著

克鲁普斯卡娅的到来,并成为他的妻子,伊里奇的身上像突然又长出了一对手臂来。

他俩合作翻译出两部巨著:悉尼和比阿特里萨·维伯合著的《工联主义》和考茨基反对伯恩斯坦的一部书。

流放的第二年,伊里奇第一部伟大的巨著《俄国资本主义的发展》脱稿,这部手稿一出现就开始广为传诵。

民粹派有许多臭名昭著的政论家,并且那时还有大量阐述他们理论的书籍,当时唯一反对民粹派的马克思主义著作只是普列汉诺夫的那一部。伊里奇认为,只有把这个反马克思主义的倾向、它的理论、方法和顽抗的武器坚决捣毁,一个无产阶级的政党才能够建立并发展起来,也就是出于这个目的,他根据俄国经济情况的多方面材料,写出一本详尽的书,以戳穿他们的理论面纱并回击他们那些说什么俄国没有无产阶级,资本主义并不存在,一切希望必须寄托于村社等错误论调。

在这本书里,伊里奇证明资本主义已经牢固地不仅侵入了工业,而且侵入了乡村,侵入了地主与农民的农业。尽管民粹派那样主张,俄国还是沿着资本主义的道路发展着;正像在其他资本主义国家一样,在俄国,无产阶级和资产阶级也同样出现了。村社农民绝不是资本主义的对抗者,而恰好相反,是资本主义坚固的和深厚的基础。俄国工厂的数量迅速增加,无产阶级的人数在城市和农村都日益增多,城市和城市人口显著增加。

俄国的农业越来越具有买卖和商业的性质，在农村，无产阶级和富农的人数都在增多，市场正在建立起来，从而为工厂和作坊的迅速发展提供了便利。资本主义在前所未有的广大范围内破坏着农村农奴制的残余。

资本主义，不管它的剥削怎么骇人听闻，毕竟是比封建制度高级而有更高劳动生产率的经济制度。

工人在资本主义制度下的生活条件，使工人去思索，把一种空泛的迟钝的不满，转变成一种自觉的抗议，把细小琐碎的以及没有意义的闹事，转变成为一种争取全体劳动人民的解放的有组织的阶级斗争，这种斗争正是从这大规模的资本主义的生存条件中汲取它的力量的，因而可以有把握得到一定的成功。

民粹派认为俄国没有无产阶级，而伊里奇则用数字指明，城市和农村的工人人数，包括产业工人、农业劳动者和运输工人，已近一千万，工人反对资产阶级和反对专制制度压迫的阶级斗争日益增长，无产阶级将是革命的领导者，并将带领其他一切被压迫的阶级跟它一道前进。

伊里奇在这本书里，以科学的论据，指出了俄国经济发展所要走的道路，并为制定革命的工人政党的纲领和策略提供了依据。

因此，《俄国资本主义的发展》成为俄国马克思主义者反对民粹主义的斗争中一个强有力的武器，给他们提供了一个有事实、有数字、重论据的完备武器库，它为马克思主义者一切进一步的理论工作和实际工作开拓了道路，打下了坚实的基础。

妈妈要伊里奇联系流放到热闹的市郊去，伊里奇拒绝了，他认为，这期间的偏僻可减少一些麻烦，便于秘密开展一些工作。

巨著脱稿后，伊里奇把精力集中在做刑满后回内地的前期准备工作。要弟弟设法搞来了化学墨水，他用化学墨水写重要秘密

文稿,文稿以普通信件内容寄出后在热茶水里一泡就很快显现出信中另外的内容来。

伊里奇向秘密报社写了小册子《新工厂法》。

《俄国社会民主主义者的任务》的小册子,号召分散的社会民主主义团体的工人研究小组统一成为一个社会民主党——也就是后来的布尔什维克党。

1899年,在流放期的最后一年,内地公开出版了伊里奇在西伯利亚写的30多篇经济科学论文集《民粹派架空的理论之考察》,题目是为减轻检查的麻烦而拟的,这一年更为重要的是还以"伊林"为笔名公开出版了他的巨著《俄国资本主义的发展》一书。

几千公里的密林区、风雪区的西伯利亚已把伊里奇同无产阶级的中心城市隔开了,并离开了那里的工人、农民和革命同志。伊里奇却用他的著作同人们紧密联结在一起,这位流放犯却越来越在全国引人留心注目,俄国的马克思主义者和一些进步青年已把这位流放犯视为了俄国第一次革命中绝无仅有的领导人。

一个红霞满天的早晨

1900年2月,流放期满,伊里奇与农民依依惜别。

伊里奇回到俄罗斯内地,只能住在全国60个大城市以外的偏僻小城。伊里奇只好选择离彼得堡较近的普斯科夫住下,妻子离开西伯利亚去了乌法流放,她要等到第二年的3月才能结束公开监视的期限。

时间转眼到了春夏之交的4月,妈妈在莫斯科另找了个秀丽的市郊农村让摆脱监禁生活的伊里奇轻松一下,全家从莫斯科郊区的巴赫前齐也夫街迁居莫斯科省的波多尔斯克,在市郊靠近帕赫拉河岸的克德罗娃家租了一所住宅,当作别墅。

搬来新居,伊里奇总算被妈妈留住这里一个星期。

4月22日清晨,妈妈要全家人起了个大早,老人在着意欣赏自己的作品:伊里奇刑满回家的两个月里,经过精心调理,身体很快恢复了,脸颊绯红丰润,精力充沛。

暮春,波多尔斯克的近郊更是风景如画,像是一夜之间将远近所有的花苞催开得烂漫、火红,一个朝霞满天的早晨,帕赫拉河岸上的红花、河里的红水、船上的红人,荡漾在一片热烈的红色之中……

妈妈租一叶小木船,带孩子们沿河看风景,伊里奇面对这少有的血红的朝霞涂染成的红色世界,感慨万千——他记起了两岁学步时的那块诱人的"红绸巾",红色,它给人以力量、希望……

> 旗帜是红色的,
> 上面染满了工人的鲜血,
> ……

伊里奇不由自主地唱起了波兰工人革命的歌曲。

妈妈又对伊里奇说:"凭你的天赋,你要是钻研音乐,准能有大的成就。"

"这个成就再大也不过给人一曲歌的兴奋而已,我要造就一面旗帜,一面劳苦大众翻身得解放的旗帜……"伊里奇说得激动起来,"就是在这万里山河插上一面象征劳动人民鲜血的红旗,红旗就像这红霞,照出一个红彤彤的世界,一个人民群众自己当家作主的太平世界。"

伊里奇又激动地说:"俄国要竖起这样一面鲜红的旗帜!这支波兰工人的歌曲写得好!我们也必须创作这样的歌曲!"

"孩子,你这么激动,你知道今天是什么日子吗?"妈妈问他。

"什么日子?"伊里奇反问妈妈。

"4月22日,你的生日,你的30岁生日。"姐姐告诉他。

"哟,难怪妈妈执着要我留下住些日子,原来你们都是在陪我度过愉快的生日啊!"伊里奇高兴地说。

"三十而立,这个年岁正是人撑门面创事业的时候了。"妈妈说。

"二哥,你最终想从事什么理想的职业?"妹妹问。

"嗯,我却还没立起来呢,人过去了半辈子,遗憾,真遗憾!"伊里奇说得有些怅然若失,"职业?什么职业?钻营升官发财就搞不了革命!"转而又非常自信地对在小船上游荡着的自家人切切表示,"等着瞧吧!总有一天,我是要立的,在俄罗斯立起第一面劳动人民的红旗来!"

"你看,这红色,多鲜艳,多热烈。"他挥着手说,指点鲜花、朝霞、山河自言自语地,"这世界总是这么红霞满天那该有多好啊!"

小船在朝霞中,在悠悠河水里自由自在地荡漾着,河水随水流,随人意,也荡漾出骄矜的波纹和甜甜的笑窝……

伊里奇又兴奋地对妈妈和姊妹们谈他近期的打算:

我们的第二次代表大会原定在国内召开,可为此事,南方发生了挨户搜查的事件,前不久来莫斯科看望我的萨马拉的老朋友也被逮捕了。依我看,在俄国已无法召开代表大会了,即使这样,也会像第一次代表大会那样瓦解、失败。

既然只是准备召开代表大会就遇到这样的挫折,几乎从根本上毁坏了组织,使最宝贵的工作人员被逮捕,那么在专制的俄国召开代表大会就是一种不可能的奢望。需要用另一种方法统一党。而这种方法就是在国外出版全俄报,正像建筑大楼要用建筑架一样,党将以这个报刊为中心建立起来,我们要把这个报纸的组织触角伸到俄国各个角落,按着基本原则把分散在我国辽阔地区的各个委员会和小组统一起来。

火红的旗帜竖起来,革命的烈焰烧起来,先要有革命的火,燃起火星,让星星之火燃成熊熊之焰。

"对了!"伊里奇左手掌往秃顶上一拍,喜出望外地说,"我们的报纸就取名《火星报》,用它完成统一党的任务,燃起革命的势不可当的熊熊烈焰。"

伊里奇在这座市郊"别墅"小憩的几天里,勒柏辛斯基来此看望他,舍斯帖尔宁和他的妻子索菲娅·巴甫洛夫娜也来看望他,有的还在家里住过,尽管他们特地赶来看他是一片好意,伊里奇还是尖锐地、毫不留情地抨击他们所捍卫的国外"工人事业派"的立场。

伊里奇也同一些前来探望的亲密友人谈及了出国办全俄报的计划,并同有关人员开始研究以后的《火星报》在国内各组织的联络密码,强调各联络站经常给全俄报写稿的重要性。

第三次脱险

伊里奇被妈妈强留家中好生调理,刚洗尽刑期的晦气,愉快度过他30岁生日,不久,伸展的翅膀、展开的笑容又很快收敛起来,5月里又传来了可怕的消息:伊里奇在彼得堡又被逮捕,打入牢房。

小弟弟德米特利因警察局制造莫须有的罪名蹲9个月牢刚回来;伊里奇流放归来前不久,妹妹玛丽娅·伊里奇娜也被逮捕,已成为重要的革命者的伊里奇在彼得堡又一次被捕,而且身上还带着几个人的出国护照。

"……亲爱的妈妈,我过两星期或一个月就能出来的,请不要牵挂……"又收到伊里奇这样从监牢里寄来的信,刚毅的妈妈终于还是病倒了。孩子通常在刚被捕的时候总是这么安慰老人家的。过去痛苦的经验已告诉了妈妈,这个"两星期或一个月"不知又会延长到什么可怕的时候。

那次愉快地度过生日后,伊里奇从莫斯科省波多尔斯克的家里回到自己安居的普斯科夫。一天,他同马尔托夫一起,第二次偷偷进彼得堡,这次为了避免跟踪,他们在途中换乘另一条路线的火车,却疏忽了这条路线是要经过沙皇住的皇村的,因此,他们受到了更加严格的监视。到达彼得堡后他们为了方便,只好把捎带的一筐书卖了,还拜访了一位朋友,又悄悄在哥萨克胡同里宿夜。谁知第二天清晨,他们刚走到街上,伊里奇的两只胳膊蓦地被紧紧扭住不放。

"你是伊里奇吗?你到这儿干什么?你不知道你的行动已受到限制吗?你不知道禁止你到首都来吗?"

"你怎么偏挑这一条道走?经过皇村!难道你不知道那里我们到处都有人监视吗?"

伊里奇最担心的主要是一封普列汉诺夫的信,它是用化学墨水写在一张记着些账目的信纸上的,信内写着创办全俄政治报的计划,因此,一泄密,自己被判刑不说,办报的事也会前功尽弃。

坐禁闭三个星期了,他真担心从他身上搜出的那封信时间一长会自动显影出来。后来总还算幸运,宪兵们没有注意到这张纸,又原封不动地退还给了伊里奇。

市府的禁闭条件非常恶劣,不能和拘留所相比,臭虫、跳蚤整日整夜不让人安静,脏得令人难以忍受,此外,一到晚上就吵闹、谩骂,巡警、暗探那帮人每天晚上偏偏在牢房旁边玩纸牌。

在那难熬的牢房里,伊里奇另一个担心就是口袋里的出国护照。他生怕被没收而耽误他出国办全俄政治报的计划。

三个星期后,伊里奇总算被释放出了牢房,一个警察从市府起一直跟着伊里奇,遵照旨令径直把他带到波多尔斯克县警察局长那儿。

县警察局长叫彼尔菲尔耶夫,是一个老官僚,动不动就大发雷霆。

"快把你的证件都拿出来!"警察局长命令。

伊里奇心里一惊,外表却泰然自若,他把自己的出国护照毫不犹豫地掏出来。警察局长把护照翻阅一遍就把证件放在自己的写字台上,大声喝道:"现在你可以走了!护照留在我这里!"

伊里奇整日担心害怕的事情发生了:没收了他的出国护照!还竟然是被一个警察局长没收的!

"证件我有用处,请还给我!"伊里奇不慌不忙地说。

"你听着,证件留在我这里,你可以走了!"县警察局长威风凛凛地回答他。

"证件归我所有,我有用处。你不能无故没收公民的证件!我不拿到证件就不走。"伊里奇提出抗议。

县警察局长还是大发雷霆,坚决不给。

"那么,我只好向警察司控告你这种非法行为!"伊里奇一边说,一边转身走向门口,一副立即要去警察司告状的样子跨出了门槛。

不等伊里奇走出门口几步远,警察局长害怕起来,忙出来大声喊道:"乌里扬诺夫先生,请回来!这是你的护照,请拿去吧!"

一家人听说伊里奇已被送回县警察局,都在焦急地等他回来。伊里奇一进门,妈妈的病似乎一下子就好多了,她忙从床上爬起身,欣慰地听伊里奇讲述去彼得堡的不幸和侥幸。

"……县警察局长是个老骗子、老傻瓜、胆小鬼,他想要没收

我的出国护照,我只用警察司就把他吓倒了!"伊里奇说得仍然带着刚刚在那里争吵时的激动情绪,最后,哈哈大笑起来,高兴得笑出了眼泪,泪花顺着绯红消瘦的脸颊流下来。

取笔名"列宁"

1900年7月,伊里奇动身去德国,人生第一次长达5年半的政治侨居生活开始了。

12月24日,由伊里奇编辑和发排的《火星报》的创刊号终于在德国莱比锡出版了,第二年春,《曙光》杂志的创刊号也出版了。也就在这时,伊里奇的笔名"列宁"开始在《火星报》上出现。"列宁"也犹如一颗璀璨的"火星"通过《火星报》和其他国内报刊传遍俄罗斯,很快,由于"列宁"文章的震撼力,连他周围的同志也几乎忘却了他"伊里奇"这个名字。

列宁捧读第一期《火星报》,高兴得真要振臂高呼,为了这张报纸的诞生,他整整花了一年多的心血啊!

在创刊号里,列宁写了社论《我们运动的迫切任务》和《中国的战争》等文章,他说办《火星报》的根本目的就是成立一个坚固的有组织的党。他说:

> 没有这样的党,工人阶级就不能够担负自己伟大的历史任务,使自己和全体人民脱离政治上和经济上的奴隶地位。有了坚强的有组织的党,第一次的罢工也能够变成政治示威,变成对政府的一次政治胜利。有了坚强的有组织的党,某一个地区的起义也能够发展成胜利的革命。

列宁在《中国的战争》中,愤怒地谴责了资本主义列强沙皇俄国在中国犯下的滔天罪行,坚决支持中国人民反抗侵略的正义战争。

《火星报》有三个负责人,可实际上这个重任却落在列宁一个人的肩上,他既要写文章,又要编报纸,还要编"暗号",用化学墨水和俄国的革命团体通信联络,想方设法将报纸偷偷地运到俄国去。这一系列的工作都由他一个人承担。

《火星报》编辑部的另两个主要助手是马尔托夫和波特列索夫。马尔托夫是个精悍的新闻记者,文笔生动、犀利,波特列索夫主要在印刷方面起作用。"劳动解放社"成员只有查苏利支担负了一点工作。普列汉诺夫和阿雪里罗得只是名义上在编辑部,并没有参加编报的实际工作。普列汉诺夫给《火星报》和《曙光》只写很少几篇文章。

列宁为《火星报》写了许多重要文章,他却不拿分文稿费。有时他穷得连吃饭都成问题,饿着肚子干,也不肯动用报纸一个钱。"这个报纸的存在多困难啊!"他回答那些劝他的人说,"我怎么能用它的钱呢?用了它的,不就是增加了它一份困难吗?"

为了少饿肚子,列宁设法利用《火星报》工作以外的一点余暇,写了许多文章寄到外面刊物去,用其他刊物的稿酬来维持自己的生活。

《火星报》是用小号铅字密排和薄葱皮纸印的,为的是便于传递到俄国去。每号只印几千份。列宁和他的同志们不得不亲自去查看组织"输送"报纸到俄国的工作,这些报纸的发送,有的是分装在信封里,有的是放在手提包夹底里,有的是由人夹带,有的是通过外国船的水手等。很多份报纸落到警察和宪兵手里,但也有很多份送到工人手里。《火星报》整个代办员网组建起来,在俄国发行报纸,这些代办员都是党的组织者,职业革命家。

今天的读者是很难想象当时党的工作者收到每一号新《火星

报》时感到的愉快,他们从头到尾读了又读,也在研究小组里互相传阅。每期《火星报》都给工人带来新的力量,它指示他们怎样斗争和怎样组织,它揭露背叛工人阶级事业的人,《火星报》成了正在创建中的党的真正领导者。

1901年春,正是《曙光》创刊的时候,克鲁普斯卡娅从俄国来到了慕尼黑,她担任《火星报》编辑部的秘书,积极帮助列宁,特别是在保持同俄国联系的工作上。

列宁保持同妈妈姐妹弟弟们按时通信,这是他的习惯。他几次写信希望母亲出国能和他住在一起,但这又是很难实现的,因为其他的孩子更加需要母亲的帮助。

1901年,也就是在列宁的妻子来慕尼黑以后,妈妈同妹妹玛丽娅一起第一次来德国看望了列宁。第二次是1902年,妈妈又和姐姐安娜一起在法国北部的洛基维住了一个月。列宁每次都在信中精心绘图告诉妈妈探访的路线,规劝妈妈路上不要为节约几个钱,晚上要住在旅馆里⋯⋯

妈妈和姐姐在这里住一段后要启程回国,列宁将老人和姐姐送到码头时,妈妈执意不准他送上轮船,因为这只船是俄国公司的,他上了船有被捕的危险。

"姐姐,全拜托了,扶稳妈妈上轮船,平安⋯⋯"列宁只好紧紧攥住妈妈枯槁的手,母子情一时不知从何道起,哽咽在酸涩的喉咙里⋯⋯

列宁久久地伫立在码头上遥望着苍老的妈妈,直到轮船成一黑点,消失在茫茫大海之中,此时此刻他也顾不着擦去脸上的泪花,因为他从革命浪潮的发展和妈妈的身体上似乎已预感到了这是他们母子最后一次会面了,结果也正是这样。

随着列宁政治影响力的日渐扩大,慕尼黑警察开始注意了列宁的活动,他们觉得列宁是个危险的人物,他的活动太多了,列宁的工作受到阻碍。于是,他带了《火星报》出版部的全部器具离开了慕尼黑,开始四处流浪起来。

1902年春,列宁随报社编辑部移居伦敦。路上,他在布鲁塞尔停了几天,当时那里正发生罢工,街上在示威游行,久困编辑部的列宁见此倍加兴奋,抬脚就要去参加。同行的同志不得不死死抱住他才使他未能跑过去。恰恰那时,警察从路旁出现,总算使他们和人群分离开来。

列宁在伦敦把全部精力用于《火星报》和《曙光》杂志的编辑工作和党的科研工作上,妻子除了同俄国通信联络这个日常的任务及其他报纸工作以外,还要承担做饭、擦地板和其他一些家务活。

"一位俄国法学博士和他的妻子愿意以教俄语的方式来交换学习英语。"一天,伦敦的《埃塔凯乌姆》周刊上登出了这么一则奇特的启事。启事登出后,列宁家中业余时间经常往来两个英国人,一个是工人,一个是职员,列宁和他的妻子既是老师,又是学生。双方按照启事的协定,互教互学起来,过了一段时间,列宁和妻子就不为不懂英语而发愁了。

以后列宁早晨都到公共图书馆读英文报纸。编辑部又设在英国博物馆的图书馆里,这个图书馆是欧洲最好的图书馆,马克思也在这里工作过,列宁真是如鱼得水了。

列宁有个特点,每到一个新城市要熟悉和研究城市地图,他在来伦敦前研究过这个城市的地图,他能准确地找到他所要走的路。"老伦敦"对他也深感惊异,无论他去哪个地方,他都知道城市里最近的路线。

"列宁研究了活的伦敦。"克鲁普斯卡娅当时这么称道。

列宁一有余闲喜欢长时间坐在公共汽车上层在城内到处跑。他喜欢这个大商业城市的热闹。宁静的广场,一座座房屋、一个个

门口,明亮的窗子,周围点缀着绿叶青枝,只有漆得光亮的马车在这里来来去去……这些在公共汽车上都看得清清楚楚的。但是挤在附近的伦敦工人居住的陋街小巷,中间横挂着洗晒的衣服,面色苍白的孩子在街沟里玩耍,这些在公共汽车的上层却是看不到的。这样的地区,他们夫妻俩就下车步行,体察贫富的鲜明对照。

在伦敦,列宁一样喜爱接触工人和农民。哪里有工人他就到哪里去。疲倦的工人喜欢离开市区,在草地上躺上几个小时,列宁出门远足,就到工人那里去,同他们躺在草地上交流,也同他们一同进酒馆去。休息的日子还常去乡间,他和妻子在伦敦市郊各处骑马和徒步旅行,熟悉各条乡村小路和邻近农民的一些情况。他从中找出英国与俄罗斯工人和农民的共性,为进一步研究党组织的建立获得新的更加丰富的材料。

后来,为了《火星报》的生存,列宁又和编辑部流浪法国、瑞士等国,编辑部的处境内外艰难,列宁想方设法维持照常出版发行。

通过《火星报》,通过它的代办员即职业革命家,以及通过各种信件和谈话,列宁领导着无产阶级革命斗争并团结了党。列宁在他的著作和文章里,指导党怎样组织工人群众,领导他们走向胜利。

《火星报》受列宁的领导和鼓舞。他写了提出无产阶级革命任务的重要文章,起草了组织战斗的政党的计划,《火星报》成了党的集体鼓动宣传者和组织者。

坐在会场角落的那个人

普列汉诺夫这个《火星报》的名誉编辑今天穿着燕尾服,摆出一副"老爷""将军"的架势,跨上大会讲台。演说的时候,一只手习惯地摸着衣服上的扣子,他只要听到代表当中一点的声音便用力把扣子一按,好像按警铃似的,然后陡地停止演说,怒气冲冲地瞪着台下说话的方向,一副严厉的神态,目空一切,不可一世。他的演说虽美丽动听,却高深难懂。

列宁坐在会场一个不很为人注意的角落里,穿得像平时一样随便。他对普列汉诺夫曲高和寡的演说没兴趣,尤其是马尔托夫的谩骂使他显得极度的不快,他一会儿紧缩身子,好像怕冷似的,一会儿又四肢摊开,仿佛闷得难受,又不时用手摸摸下巴,摇摇头,当他听到马尔托夫后来那些荒谬的言论时,他的头顶火烧般地发红了。

"同志们——"列宁高声喊,疾步跨上讲台。

列宁的演说和普列汉诺夫完全不同,一开始的时候他说得并不见得好,说到后来,所有的人都被他吸引了。他的演说通俗、有力,最复杂的问题经他一说就豁然变得简单明了。

这时,会场里反对列宁的人便想尽办法打扰他。

"嘘——嘘嘘——这里不是讲哲学的地方!"

"不要讲这些!啊!我们不是小学生!"

反对者见列宁演说越来越引起会场共鸣,竟然站出来,大声嚷道:"滚下来!嘘——滚下来——"

然而,不管怎样叫嚣,列宁的演说已经像磁铁一样吸引住了绝大多数的代表,会场里一个个的小声议论汇成一曲低沉、浑厚的合唱压倒对方那种刺耳的叫嚷。

"说得好,我们想说的,列宁都说出来了!"

"以我所知而论,站在工人方面的,我不相信能够找到比他更使人佩服的人!"

列宁的演说最终博得会场上的一阵阵掌声。

这是党的第二次代表大会会场——英国伦敦。

这次大会于1903年7月30日原在比利时都城布鲁塞尔的一个大面粉仓库里开幕,到会代表43人,代表着26个社会民主党组织。普列汉诺夫致的开幕词,后因比利时警察的驱赶,大会又移到伦敦继续召开。

大会开的时间很长,直到8月23日结束。

会议公认《火星报》对党的工作作出了巨大的贡献,会上指出《火星报》是党借以团结起来的革命旗帜。召开大会的任务是由《火星报》首先是由列宁担任的,为了召开代表大会先在俄国成立一个大部分由《火星报》代办员组成的组织委员会。

会上,代表们的意见分歧很大:一派站在右倾的立场,代表人物是马尔托夫;一派是站在正确的革命立场上,领袖人物是列宁。普列汉诺夫在大会上是拥护列宁的,会后见反对派的势力一时很猖狂便又摇身一变,成为列宁的反对派。《火星报》三个主要负责人之一的普列汉诺夫在这次会议上与列宁的鲜明对照真使人啼笑皆非。

这次大会是列宁在国外酝酿已久的一次极为重要的大会。第一次代表大会只有9个代表出席,当时列宁在刑期未能参加,可当时选出的中央委员会当即被迫解散,因而大会对党的活动影响很小。在这次大会上,列宁对党的一系列重大问题都提出来讨论。然而,分歧也是不出列宁意料的。

代表开始到来,列宁就主动同他们交换意见,邀他们在自己朴素的小寓所里促膝长谈,或约他们一同散步、交心,向他们打听国内的一些情况,并向他们说明代表大会所要讨论的基本问题,并注意在谈话中观察各人的政治倾向,谁是拥护《火星报》的坚强的火星派,谁是赞成的"温和的"火星派,谁是动摇软弱的"泥潭派",谁是不赞成的反对派。

讨论党纲时,发生了分歧。在列宁的帮助下,普列汉诺夫宣布,要把革命的放在第一位,并且为了革命,胜利的无产阶级可以剥夺反对无产阶级的那些阶级的选举及其他权利如解散资产阶级议会、剥夺资产阶级的出版自由等。这个声明博得列宁和他的拥护者的赞同,但引起了机会主义者的强烈不满。

在讨论土地纲领时,机会主义者宣称,农民不会拥护革命,不会跟无产阶级走。他们说,农民总是反动的,所以期望在农民中间发生革命是徒劳的。列宁和他的拥护者,恰恰相反,认为农民是无产阶级的同盟军。

代表讨论党章的第一条时,发生了激烈的斗争。列宁提议,只有承认党纲而且还亲自积极参加党的组织活动的人才可以成为党员。马尔托夫认为,不参加组织活动而只是用某种方式(例如在财政上)帮助党的人也可以成为党员。

列宁坚决反对崩得分子的那些小资产阶级的提议。代表大会支持列宁,于是"崩得"分子怒气冲冲地退出代表大会,声称退党,《工人事业》的代表马尔丁诺夫、阿基莫夫也离开了大会,拥护列宁的成了多数。

从此就有了"布尔什维克"(俄文意思是"多数派")和"孟什维克"(俄文意思是"少数派")这两个名词。列宁的拥护者被称为"布尔什维克",马尔托夫的信徒则被称为"孟什维克"。

第二次党的代表大会最后以少数服从多数通过一系列决议。布尔什维克主义者在党内斗争中取得了初步胜利。

你敢一个人反对所有的人

列宁回到侨居的日内瓦之后不久,接到通知,"俄国革命社会民主党人国外同盟"要召开代表大会,听取他的报告。

　　列宁是"同盟"出席党的"二大"的代表,这次"同盟"突然召开代表大会,为的是打击"二大"中获胜的布尔什维克。当时在会上反对列宁并处于少数的孟什维克,已尽可能在侨居国外的人们中扩大了自己的影响。"同盟"代表大会就是孟什维克策划召开的。

　　列宁料到"同盟"代表大会上将有一场激烈的斗争,他毅然决定去参加这个会议,并花了很大精力来准备报告,同时又要考虑如何以少胜多反击孟什维克。在去大会会场的时候,他骑着自行车还在沉思,结果一下子撞到了电车上,差点把眼睛撞坏。后来,他竟然扎着绷带,脸色苍白地出席了会议,并在大会上同支持孟什维克的多数展开了针锋相对的斗争。

　　第二次代表大会原本选举列宁、普列汉诺夫和马尔托夫作为党的主要负责人继续组成《火星报》编辑部。可是,后来连普列汉诺夫也背信弃义破坏第二次代表大会决议的执行。

　　列宁毅然退出了《火星报》编辑部,离开了他多年精心经营、发展的这块党的宣传阵地。

　　《火星报》从53期起就成了孟什维克小资产阶级反党的机关报。孟什维克的新《火星报》散布机会主义,向工人阶级灌输资产阶级思想。

　　旧《火星报》为教育团结党和工人阶级进行了不屈不挠的斗争,对反对专制制度和资产阶级作出了巨大的贡献。列宁与《火星报》的一切编辑出版器具和一些淳朴、勤劳的工作人员结下了深厚的难解难分的情谊,可一当要从自己手里出版一些违背自己良心、违背办《火星报》初衷的东西,他无法容忍。他为了解放劳苦大众、建设一个无产阶级政党、坚定不移地走马克思主义发展道路的一片赤胆忠心不容污染。如此无原则地服从旧感情上的团结,违心地迎合朋友们的错误观点而否定自己的正确观点,不如说是对自己和对正确东西的一种自我谋杀和摧残,根本上的无原则的融合是一种背叛、一种无端的自杀。

列宁战胜了自己！坦然离开了《火星报》，先在中央委员会工作。

而当时的中央委员会里连作为布尔什维克主义者的一些人也提出向孟什维克妥协，列宁要求严格执行党的决议，多数的中央委员会却背叛布尔什维克主义转向孟什维克方面，并同孟什维克派联合起来，为难列宁，写文章和出小册子诋毁列宁。

一时似乎孤立的列宁并不动摇、气馁、悲观。他知道自己的路线是正确的，是为工人、农民劳苦大众这一绝大多数人的利益服务的，只要自己坚持了这一点，坚持马克思主义，坚持旗帜鲜明地同机会主义者作斗争，冷落是一时的，低潮过后就是高潮。他的身后有俄国广大的工人农民群众的拥护，只要自己坚持下去，胜利总是要来的！布尔什维克总是要胜利的。

列宁又毅然决然地退出了当时这个调和的中央委员会。

列宁同他素来非常敬重的普列汉诺夫在政治上决裂了。

列宁同多年在一起进行革命工作，并一起坐牢共患难的好友马尔托夫决裂了。

当时，与列宁一块坐牢、流放西伯利亚的老朋友、负责国内基辅党的工作的克尔日札诺夫斯基，对列宁和普列汉诺夫、马尔托夫三人之间的不和并出现分裂，非常担心。他特地弄到了一张护照，赶到侨居日内瓦的党的主要领导人身边来。

在这些日子里，克尔日札诺夫斯基的绝大部分时间是同列宁一起度过的，他看到列宁和其他那些慌乱的人不同，表现得极其镇静和沉着。列宁有意尽可能少地对他进行"鼓动"，希望让他自己来公正地弄清楚已经发生的分裂。

在克尔日札诺夫斯基看来，列宁是个非常谦逊和毫不妄自尊大的人。只是因为政治观点上的不可融合而被人误会。一次他同

列宁传

列宁争辩到深夜,他知道列宁是多么重视俄国革命实践的需要,所以就竭力使列宁相信和解的必要性,并把分裂对革命实践具有多么致命的危害作了一番描述。他说:

> 列宁同志,请您注意目前出现了什么样的局面。要知道,所有的人,确确实实是你身边所有的人都在反对你!照我看来,甚至在那些为数不多的同你站在一边投票的人里面,有的也主要是出于对你个人的忠实才这样做的。实际上,你是一个人在反对所有的人。

可是,列宁谢绝了老朋友这一片好意,还严厉地批评了他的无视真理一时附庸受蒙蔽的多数。列宁认为这种分裂的危害性远比那种无原则的附和、团结而造成的危害性小得多,那是前功尽弃,毁于一旦。克尔日札诺夫斯基最后在现实面前也不得不承认:

> 由于我过高地估计了个人因素的作用以及在政治上缺乏远见,我不得不为此而受到严厉的惩罚!后来双方彻底破裂,双方又都对我的"和稀泥"做法大肆攻击。而后来的事件也清楚地表明,有历史远见的确实只有列宁一个人。

列宁在这个非常时期,赶写出《进一步退两步(我们党内危机)》的小册子,于1904年夏在日内瓦出版。小册子向全党专题论述了这次代表大会以后分歧的性质,说明代表大会发生斗争的意义,揭露了孟什维克,其中包括托洛茨基这个顽固的孟什维克机会主义者公然反对集中制的党、反对无产阶级的纪律和统一,同时全面阐述了关于无产阶级政党的学说,规定了无产阶级政党的组织原则,认为无产阶级政党是无产阶级手中的基本武器。

列宁在极其困难的时候,通过书信和谈话,遥居国外指导俄

国千百个杰出的党的工作人员和布尔什维克,培养和团结了党的力量。

1905年1月,列宁创办了布尔什维克主义立场的新党报《前进报》,奥里斯基、沃罗夫斯基和卢那察尔斯基选入了这个报社的编辑部,报社还赢得了布尔什维克作家的积极支持与合作。

神秘有趣的通联站

在党内斗争非常激烈的时候,侨居日内瓦的列宁同国内的联系显得更为重要。这时,布尔什维克的通联工作,不但受专制政府的严厉监禁,而且还遭到孟什维克的诋毁。

日内瓦的"列宁之家"既是布尔什维克国内国外的政治中心,又是"交通枢纽站"。国内的信息反馈不过来,这里的指示传达不出去,列宁孤军作战,纵有三头六臂,也是无计可施。

中央任命,由布鲁耶维奇负责这里发行部的工作,列宁的妻子克鲁普斯卡娅具体负责同党的组织保持秘密通讯联络工作。布尔什维克的伏契耶娃出狱后也来到了日内瓦,协助克鲁普斯卡娅从事党的秘密通联工作。"列宁之家"还有一个重要的家务人员,她就是克鲁普斯卡娅的妈妈、列宁的岳母伊丽莎白·瓦西里耶夫娜。后来,列宁的妹妹玛丽娅释放出狱后也来到了日内瓦,这里的发行、通联工作又多了个亲密的朋友。

克鲁普斯卡娅是个质朴、通情达理的女性,沉着、安详、亲切可爱、乐于助人。她具有渊博的理论知识和丰富的党的秘密工作经验,列宁的一些文稿也同她一起商量,听取她的见解。工作上同列宁一样地耐苦熬,她一个人每月收取并回复300多封秘密信件,党内同志的化名她几乎一口气可背出好多来,克鲁普斯卡娅既是

列宁贤惠的妻子又是布尔什维克难得的"交通员"。

伊丽莎白·瓦西里耶夫娜一直在女儿女婿身边操持整个家务。她是个安详、娴静、和蔼可亲的老人,做事有条不紊,对"列宁之家"的所有人员都非常关心。买东西、做饭、洗刷、收拾房间一个人包揽,任劳任怨。有时,女儿和列宁见老人太劳累,也主动帮助。她却说:"料理这些家务,并不显得劳累,这没有什么。劳累的倒是牵挂家务,牵挂你们的大家务,你们干的大事顺不顺利。"

日内瓦的达维德大街上,"列宁之家"两间住室,一间厨房。克鲁普斯卡娅同母亲住在一个房间,列宁住着一个房间。房间陈设简朴,像一个普通工人的家庭,列宁的房间里放着一张铁床,上面是棕制绷子,还有一张不很大的桌子和两三把椅子。列宁在这个房间里接见俄国来的同志,和他们谈工作则在"讲演协会"的社会图书馆。

列宁白天只三餐饭在家逗留一下,其他时间都在图书馆紧张地工作,直到晚上才回家。伏契耶娃有时也被邀请到他家里吃午餐,工作特别紧张时还留下来用晚点,妹妹玛丽娅来后也同列宁一家人吃住。

列宁工作时是非常紧张和严肃的,一回到家里就显得特别活跃,总是兴致勃勃,谈笑风生,有时还同岳母说几句笑话,逗老人家高兴。

"妈妈,重婚者所受的最大惩罚,便是有两个岳母,你说呢!"列宁对老人一本正经地说,然后又和大家一块笑了起来。

列宁在家吃饭时不谈论工作,他总是津津有味地吃着,不挑食,生活全由岳母安排,桌上有什么吃什么。吃饭快得惊人,岳母刚端上碗他就放下碗筷。这时,岳母总不免要说他一句:"孩子,要吃饱,不要整吞,会伤身体的。"

列宁却说:"我吃饱了,没有整吞。妈,你不信到这里面看看——"说着,他对着岳母张圆着嘴,并摸着喉头,"都有滋有味地填满到这个地方来了。"

于是,逗老人笑起来。

伏契耶娃在家吃饭时,列宁吃完后会郑重声明一句:"我吃得快,你们吃饱。"有时还故意云里雾里说一两句,"女人家,做客莫害羞,尽管吃,我是不喜欢看人家吃东西的,吃东西不好看。男女平等嘛,跟搞革命工作一个样。"

于是,说得她们都捂嘴笑起来。也胃口大开,慢慢吃她们的。列宁却先去了图书馆。

利用国外的方便,去各侨民区巡回报告、演说是列宁重要的宣传、通联工作,专题报告影响更大。

"海报"和"入场券"上写着:

地　点:"军塞"咖啡馆。
时　间:晚上8时30分开始。
讲演人:列宁同志。
题　目:《地方自治派的运动和〈火星报〉的计划》。
票　价:20生丁。

请持此券入场。

讲演主办者:**布尔什维克**
会议主席:**布鲁耶维奇**

列宁在这个专题报告中批判了孟什维克《火星报》编辑部给党组织的信,揭露孟什维克是资产阶级走狗,企图使无产阶级屈从于资产阶级甚至于卑躬屈膝地苦求资产阶级来"削弱无产阶级的志气"。这次,列宁将孟什维克们气得暴跳如雷。

伏契耶娃因工作需要去了巴黎,列宁利用一个旅行的机会要在巴黎作次专题报告,他写信给伏契耶娃:

　　　　刚刚给你打了一个电报。为了以防万一，我要说明这是怎么一回事。有人邀请我到巴黎办一件事情。我一定不能放过这次旅行的机会，只因为我要作专题报告。讲题是《第三次代表大会及其决议》。内容是对我们的决议和孟什维克的决议作对比的分析，因为他们刚刚发表了他们的代表会议的通报，我也要对这个通报加以分析……如果可能，请你租一个最大的礼堂(就是我在那里作过驳斥司徒卢威的报告的地方，菲拉托夫和其他人都知道)，请通知尽可能多的听众。如果还没有明确地给我回电，请你明天来一个电报，我好确切知道礼堂是不是已经租到了。也许还来得及给我写一封快信，如果有什么重要情况，务必打电报通知我。

　　今天我在这里也是作报告。

　　握手。

您的列宁

　　　　万一不能作专题报告，也许我根本不去了，因此请务必告知。

礼堂租借成功，列宁的报告如期举行。

列宁这次在巴黎住了三天多的时间，白天还为建立新的通知联络点跑得顾不得吃东西，晚上又邀请朋友去S剧院，既联络感情，又调节紧张的工作情绪。第一晚上他是应朋友之邀去看一下歌剧，他只好无聊地陪着。第二天晚上由伏契耶娃和克拉西柯夫陪同他看体裁轻松的短节目。

幕布拉起只在人的膝盖上，下面可以看到各种不同职业、不同社会地位的人的双脚在舞台上移动。工人、电灯商人、轻佻女人、牧师、警察、小商贩和巴黎阔少等次第而过。这些人各自极有特色,因而人们不难辨认这些是什么人的脚,而这些人的整个面容,也就无形地呈现出来了。表演得很有趣味,列宁非常诱人地开怀大笑着,好像只有他一个人才会这样大笑似的,这个晚上他休息得很愉快。

列宁对身边的同志还有趣地谈起"巴黎人的脚":"……我们的通联工作也是'脚'的工作,腿要勤快,并要学会窥一斑识全豹的功夫。"

列宁回日内瓦时,克拉西柯夫也被派赴国外各侨区去作巡回报告。

那时,同国外侨民联系比同俄国联系要容易得多。同俄国进行通信联系是一件非常艰巨而复杂的工作,它要经过几道手续:首先,应当将得到的信件予以分析,"复现"每一封信,解释信中的密写部分,并重抄一遍。接着,就要起草寄往俄国的回信,将最机密的部分译成密码,用化学方法,将回信正文抄写在内容上不会引起当局怀疑的信件的字行之间,这种信件都是事先就用普通墨水写好的。有时,一些来信的密码有不少错误,还得长时间地冥思苦想,才能把密码解译出来。有时也发生过这样的情况:由于前次的信件遗失了,或者组织被破坏,收到的信件是用看不懂的新密码写成的,要想弄清楚里面究竟是什么内容,确实是一件不容易的事。有的时候,"化学药水"写成的正文复现不出来,便只好通过"邮箱",请求再寄一封信来。

信件的正文一般是克鲁普斯卡娅以列宁的名义起草,列宁也时常亲自执笔。技术性方面的工作,由伏契耶娃和克鲁普斯卡娅以及玛丽娅分头去做。

有趣的"邮箱"是列宁和克鲁普斯卡娅在秘密通讯工作中创办的,那时,"邮箱"非常重要。它以简练的形式,仅仅只为收信人才能理解的语言下达指示和提出建议,探询消息,通知对方已经

收到来信或者长久未接来信,某封信的密码解译不出来,等等。在布尔什维克尚未出版自己的机关报时"邮箱"是没有地方刊登出来的,《前进报》问世后,几乎每一期上都刊出"邮箱"专栏,有时还占了很大篇幅。在第9号的《前进报》上,"邮箱"占去29行。

1905年4月21日第15号《前进报》上刊登这样一个小"邮箱":

娜佳:信件复现不出来,化学溶液过淡……

斯毕茨:信件上的决议复现不出来。

科里亚:您托人捎来的信和通信地址均已收到。

弗拉基米尔:来信收到了,谢谢。

敖德萨"一个地方机关":您的来信很有意思,望继续来信。

T-P:来信第一、二、三、四号均已收到。第二、三号各为二份,请再告收信地址。

反对《火星报》的作者:我们表示感谢,但不拟在报刊公布,因为每件事件都使人满意是不可能的。

工作不会像熊跑到森林里去

列宁酷爱大自然,他是个"郊游派",经常利用星期天或节假日到城郊去旅游。他写信告诉妈妈说:"我们走遍了各种各样的'乡村'小路,熟悉附近的地方,并且还要到更远的地方去游玩。"去体察民情,博取材料,观赏自然风光,呼吸新鲜空气,舒展困在办公桌上写作和会议里磨蹭得疲倦的筋骨,驱散斗争中和日常生活中的烦恼,列宁既善于系统地、埋头地和最有效地工作,又能在工作之间巧妙地休息。

第二次党的代表大会期间,党内出现分裂,派性斗争严重地影响他的脑神经,这期间的列宁更渴望"郊游"。工作不允许他有较长的喘息时间,他就带妻子在星期天步行或骑自行车去郊区,有时去爬山。他不太注意种种名胜古迹,他给家里写信说:"我一般对各种民众晚会和娱乐所要比参观博物馆或到戏院和商场等地方感兴趣,对城内的名胜古迹多半是顺便玩玩。"星期天他同妻子宁可带着面包做午餐,在郊外直玩得夕阳西下才肯回来。

"我亲爱的克鲁普斯卡娅,这段时间我没给妈妈写信吧?"他躺在树荫下的一片草地上,又像是在对身边一条奔流直下的小河说。

"会议期间我代你给妈妈写了信。"克鲁普斯卡娅回答。她伏在列宁的身旁,见他对小河里咆哮的浪花看得入了神,又是在想心事。

"没有把会议的情况告诉妈妈吧?"列宁担心地问。

"当然啦,这我知道。"她又解释,"那段时间你整日忙得团团转,我就没给你看信了。"

"我全相信你,只是随便问问。"列宁说。

出门前,他们有约在先,不准谈工作,痛痛快快地玩,可这时列宁又心事重重的。

克鲁普斯卡娅在身旁顺手拔下一枝"狐尾花",拇指和食指拧着长长的花梗,"狐尾"旋动成一盘花,花在那发亮的秃顶上柔柔地转悠着。

"呀,亲爱的,我头上有个什么东西在飞,逮住它!它胆敢调戏你的列宁先生!"他俏皮地说,眼睛还是凝视着小河和小河的远方。

"你不是也跑到这小河边来玩嘛,人家不可以到你那光得晒坪一样的地方去玩玩吗?"她在列宁的身后撒娇地说。

列宁传

"那不行,这是重点保护区,游人止步!"列宁说着,突然认定头顶那搔得酥痒的地方噗地扣上一掌。

"哎呀,冤枉打自己一记耳光。"她笑着说。

"嗯,不对!是打了一记头光。"列宁立即为她更正。

"是是是,是头光,头光,光头,光头……"克鲁普斯卡娅一边戏说着,一边用那只纤细的手心疼地揉着那被打得泛红的头。

列宁心里痒痒地说:"既然这么疼爱他,你当时为何不逮住那调戏你丈夫的坏家伙呢?"

"这家伙就像会上的普列汉诺夫先生般随风倒,你的掌风扇过来他又飞跑了。"

"嗯!但我却不相信他能逃出列宁先生的掌心!"列宁说得一本正经,眼睛还是盯住那小河,却悄悄向背后伸出一只手来,向靠在身后的克鲁普斯卡娅扑过去,说,"我就要逮住这个孟什维——克!"列宁反手一把握住了妻子的手,终于,"狐狸尾巴"露了出来——

"人证、物证俱在!你普列汉诺夫、马尔托夫,你孟什维克,还有什么要说的吗?"这个助理律师岗位上跑出来的列宁,法庭上职业腔的威严不减当年,说得妻子的柳眉也一时似乎根根竖直起来。

"嘿嘿哈哈……"夫妻俩忍不住笑起来,克鲁普斯卡娅的空心拳一个劲地往列宁的肩膀上砸过去。

"说好了不准谈工作,不准谈工作……"她嗔怪他。

"好了,好了,工作不是熊,不会跑到森林里去,不要谈它,而且尽可能不去想它。"他说,列宁故意把肩抽搐到耳根上,作天真的孩童状,任妻子敲打着,又转过身来,一把抱住她。于是,"嘿嘿嘻嘻"的笑声也在这个树荫的草地上滚动起来——那"狐尾花"被习习凉爽的秋风吹得远远的……

"严肃一点！这是淳朴的农村！"列宁突然认真地说,连忙放下妻子,坐起身来,"瞧,那只草帽底下的眼睛在瞅着我们俩。"

"是的,他们会误认为我们是两个不正经的男女呢。"她说。

"国外的农村也是一样的淳朴啊！别搅乱了这里美好宁静的气氛！"他又看着飞流直下的那条小河,深情地说。

"记得也是这个时候,也是在这么一条小沟里,我带着小朋友们去钓鲫鱼,我哥哥喜欢吃鲫鱼,暑假回来我要让他好好吃上一顿。却不料,没见着一片鱼鳞,鱼倒把我钓进了小沟里。小沟里的污泥很深,污泥渐渐把我给吞了进去……"列宁回忆到这里,手在脖子上比画着,"陷到这里的时候,我的脸憋得发紫了,小朋友们急呼着,一个工人飞快地跑过来,跳进沟里……"

"这位工人是谁？"

"妈妈是知道的,我当时只叫他伯伯。"他又说,"我生下来没有见到我的亲伯伯,只见到我伯伯的——也是我爸爸的一件衣服……"列宁将"一件衣服"说得很重,说得眼睛发潮。

"要是能找到这位伯伯就好了。"她说。

"妈妈经常教我要记住伯伯。"列宁说得像回到了童年,又告诉她,"下次写信你注意提醒一下,问问妈妈,不过,等我们革命成功的时候是很难见到这位伯伯了。"

他们都看着悠悠的小河,向小河边走去,在小河里垂钓……

钓出人生深情的、难忘的也是快乐的故事……

1904年7月2日,克鲁普斯卡娅给列宁的妈妈玛利亚·亚历山大洛芙娜的信中写道：

> 离开日内瓦已经一个星期,我们是真正地在休息。一切的事务和操心都扔在日内瓦了,我们在这里每天睡10个小时,游泳、散步,沃洛嘉甚至连报纸都没仔细看,书本来就带

得很少，就是这几本书也没有看完，而且明天还要寄回日内瓦去，而我们自己在明早4点钟将要背上旅行袋到山上去过两个星期。我们决定先到英特拉肯，再从那里到琉森，我们正在阅读旅行指南和精密地计划我们的旅程……我和沃洛嘉订了一个条约：约定不谈任何工作，他说，工作不是熊，不会跑到森林里去，不要谈它，而且尽可能不去想它。

第三章 枪杆子里面出政权

血的教训

1905年1月,彼得堡普梯洛夫工厂的工人因厂方无理开除工人,举行罢工,并发展到和平请愿。1月22日(俄历1月9日,星期日),在加邦牧师的鼓动下,工人们带着家属,带着圣像,唱着颂歌,列队向沙皇所在地冬宫进发,呈递请愿书。工人向沙皇呈递的请愿书,把民主工党纲领中所载的若干政治和经济要求也写了进去。手无寸铁的和平请愿的工人却遭到事先埋伏的沙皇军队用子弹疯狂迎接,死伤3000多人。工人的鲜血染红了彼得堡那长长的铺满鹅卵石的街头。拳头一般大的卵石染红得像工人们一颗颗活扑扑的心脏,那躺在地上的良知在放出最后一点热量或在苦苦挣扎,那正悬挂着的良知,在急剧地扇动着。

这个"流血星期日"的消息迅速传到了列宁的耳朵里,列宁立即从郊游中回到紧张的工作中,连夜写了《俄国革命的开始》和《革命的日子》等文章载入《前进报》第4号上。列宁愤怒谴责沙皇政府血腥屠杀手无寸铁的彼得堡工人的暴行,热情赞扬和支持彼得堡工人的英勇起义,指出:

> 无产阶级在一天中受到的革命教育,是他们在暗淡的、平常的、受压制的生活中几月几年都不能受到的。

列宁远离俄国,却有效地密切注视着事态发展,仔细研究各种外国报纸登载的俄国新闻,把新闻和党的工作人员寄给他的信息比较印证,给各地同志发指导信件,准确指挥着国内各地的党组织开展斗争活动。

列宁清楚地了解到,武装起义的时刻已经到来,必须迅速做

妥善的准备工作。

列宁早在《怎么办》里已经说到要准备人民武装起义，1月22日事件的文章里，他号召要立即武装工人，这是当前的主要任务。他说："只有武装的人民才是人民的自由的真正支柱。"

"革命就是战争，它是历史上所有一切战争中唯一合理的、正当的、正义的、真正伟大的战争。它不像任何其他战争那样，是为了维护一小撮统治者和剥削者的自私利益，它是为了人民群众反对暴君的利益，为了千百万被剥削者和劳动者反对专横和强权的利益而进行的战争。"

列宁重温了马克思和恩格斯所有论述起义的著作。他钻研了军事书籍。他仔细研究了巷战和游击战的经验，以及起义的经验，特别是1871年巴黎公社的经验，他不但号召准备起义，而且考虑到起义的一切技术细节。

列宁亲自对巴黎公社克吕泽烈将军论巷战的一本小册子的译文作了细心的校阅。列宁认为这本小册子很有价值，因为他具体讲解了怎样构筑街垒，怎样占领房屋并加以设防，怎样使用炸弹等。

列宁组织了购买和运输军火到俄国去以供应正在建立的无产阶级部队的工作。

列宁在《前进报》上一连发表好多篇文章，说明无产阶级的策略原则。他指出，组织必须大规模地发展起来："一定要把数以百计的小组大力组织起来。"他号召广泛地接收青年，尤其要接收到战斗小组来。

彼得堡街上工人的鲜血尚存。列宁以这次全彼得堡工人大罢工为契机，以工人们洒下的这条血路为"奋起线""爆破口"，唤起民众千百万。

1905年1月18日，"流血星期日"的前4天，列宁就给布尔什维克苏黎世小组发出第一封信：

> 尽可能更快地、完全地、明确地(当众公开地)与孟什维克决裂,召开不经中央机构的同意和没有他们参加的自己的第三次代表大会。

"流血星期日"后,列宁觉得时机完全成熟,揭露中央委员会中拖延代表大会召开的调和分子,揭露孟什维克想把"一月事件"("流血星期日")说成是工人斗争中一个孤立的插曲。列宁认为俄国革命转入了一个新的历史阶段,应立即召开特殊形式的代表大会,召开在决战前夜检阅战斗力的大会。

列宁提出了这个口号："大会必须简短(像一个军事会议一样),时间必须短(像一个军事会议一样),人数必须少(像一个军事会议一样)。这是一次组织战争的代表大会。"

4月25日,这次紧急的特殊的第三次党的代表大会在英国伦敦的一个阁楼上召开。

出席第三次代表大会的有25个委员会的代表,即俄国大多数党组织的代表。只有9个委员会选出的孟什维克没有出席大会,而自行组织了他们的代表大会。第三次党的代表大会完全成了一个布尔什维克的大会。

列宁写好了所有主要的决议草案,并在《前进报》上撰文阐明这些决议草案,列宁指导了这次布尔什维克代表大会的全部工作,积极参加各委员会的工作,仔细考察所有到会的布尔什维克,考虑在革命事业中对他们每一个人怎样的使用。

列宁所作关于无产阶级策略的动人演说,以它铁一般的逻辑令人信服,他指出了党进行斗争的新途径,并揭露了孟什维克的机会主义的本质。

孟什维克正与布尔什维克召开"对台"会,并在小册子上和

列宁传

报纸上竭力反对组织起义,反对列宁提出的一切战略策略。

孟什维克害怕无产阶级革命,鹦鹉学舌样地反复说,这个革命应是资产阶级革命,如果革命胜利了,就应该把一切权力让给资产阶级。他们反对无产阶级参加临时政府,拒绝无产阶级和农民专政的口号,并一再反对组织武装起义。

列宁组织代表们详细讨论了组织和实行武装起义的一切有关问题,他指出群众罢工是政治斗争的有力武器,必须将罢工转为起义,光是鼓动起义还不够,还必须为起义作技术上的准备,如必须积累武器,做好计划,要在哪里构筑街垒,应占领城市中哪些地点等。

列宁指出,农民在工人阶级领导下,并和工人阶级在一起,是革命的一切动力,因为革命成功,可以分给农民土地,农民夺取地主的地产是最重要的革命行动。我们党要支持农民,并为彻底夺取一切地产而斗争。

大会结束后,列宁带代表们去海洛特基地拜谒卡尔·马克思墓。随后列宁和一些代表离开伦敦去日内瓦,路过巴黎时,列宁又和一些代表前往巴黎公社社员们被枪杀的地方——贝尔-拉雪兹墓地的"巴黎公社社员墙"拜谒。

这位矮个男子汉站在人群的最前面,毕恭毕敬地带领他的代表们,嘴里还虔诚地领念着:"一鞠躬,二鞠躬,三鞠躬……"

列宁和他的同志们在马克思和巴黎公社先烈们面前默默地伫立着。

武装起义

当时大部分的中央委员在俄国,但是无精打采。列宁不满意他们的工作,认为他们没有正确地估计发展着的新形势。他讽刺地写道:"中央委员会不存在,没有人感觉到它,觉察到它,也看不出中央委员会对党的政治领导。"他们认为可以照老办法,通过谈话,通过个人交往继续做工作。列宁说这是空想,必须公开地进行领导,就是说,用传单、用报纸、用在区会议上演说的方法来领导,最重要的是发动群众,进行武装起义!

这样,列宁夫妇居住的那座日内瓦的小小公寓,就成了俄国革命的总司令部。当地居民,目睹这位俄国侨民的生活,看他与新来的俄国人聚会,看他常去图书馆进行研究,但从来没有想到这个外貌不引人注目的谦虚谨慎的人,正在紧张地指挥着一场反对沙皇政府的伟大斗争。

在彼得堡,党成立了一个战斗委员会。可是这个委员会的工作并不紧张。

"饭桶!"列宁急得在住房里来回匆匆踱步,头顶烧得发红,骂他们只空谈武装,却不采取实际步骤,"到青年中去,马上去各个地方,在大学生中,特别是在工人中成立战斗队!"

在《革命军队的任务》这篇文章里,列宁连最细微的地方也不放过,他教人们怎样来实实在在准备武装起义:

> 组织战斗队伍,开始必须只有两三人,这些队伍应该尽力把自己武装起来——用步枪、左轮枪、炸弹、修筑街垒用的铁锹、铁丝、对付骑兵用的钉子等武装起来。应该筹措武器,进行各种侦察,弄到监狱、警察局和内阁各地各部的地图,寻

觅适合于进行巷战的房屋……

每天,列宁看着革命军事行动地图,发出指示,指挥各部队的斗争。

列宁兴奋地宣称:"起义已经开始了!"莫斯科印刷厂工人的罢工发展成总罢工,其他城市也发生了罢工,到处修筑了防御工事,一些地方军队拒绝向工人开枪。

10月20日,莫斯科-喀山铁路上发生了罢工。第二天,罢工扩大到莫斯科的全部铁路线而且还继续蔓延着,全俄铁路工人起草了一张列举各项要求的表交给政府,到处是集会与示威,跟哥萨克与军队发生冲突的事也随之发生。工厂与作坊也罢了工。运动还波及学生。布尔什维克在列宁领导下拼命地工作着。党中央委员会和地方委员会散发了许多传单,党的鼓动者与组织者在工厂、作坊里、铁路站上一刻不停地工作着,代表们在集会上不倦地作着演说,把布尔什维克的口号解释给群众听,号召他们对沙皇政府进行坚决的斗争。

到25日,俄罗斯帝国所有的铁路,除了芬兰以外都罢工了。总罢工席卷了莫斯科、彼得堡、波尔塔瓦、库尔斯克、萨拉托夫、萨马拉等城市。

26日,在彼得堡的所有工厂和作坊里举行了工人代表苏维埃的选举,当夜就举行了苏维埃的第一次会议。

资产阶级知识分子也开始参加了工人的罢工。律师、公务人员、国家机关中的雇员、药剂师等都动员起来了。

在彼得堡,电话局接线员和电报局报务员罢了工,在国家银行和财政部里也发生了罢工。在莫斯科,军队包围了大学,大学里正举行革命集会。在南高加索、波罗的海地区和波兰都爆发了起义。全国到处发生了同军队的武装冲突。发生了巷战,农民运动席卷全国,地主庄园被焚毁了。

革命如火如荼地在各处汹涌起来,全国工人总罢工、农民暴动、陆海军队叛乱……

专制政府被迫让步。10月30日(俄历17日),沙皇发表《十月十七日宣言》,答应召集成立一个代表人民的国家杜马,允许民众若干自由,实行政治犯大赦,流浪在外的列宁也在被赦之列。

革命,终于获得了第一次胜利!

请反对过自己的人一道工作

武装起义后,国内形势发展迅速,更急于需要有力的领导。

列宁坐不住了,借国内政治犯大赦的机遇,决定回国,他让斯塔索娃留在日内瓦,作为中央委员会的代表以便为党在国外保持联系并取得帮助。1905年秋,列宁在一封寄给俄国的信中写道:"我们俄国的革命真是好极了!我希望赶快回去。"

临别前,列宁总想要了却一桩心事。

普列汉诺夫过去是列宁的尊长,演讲口才出色,知识渊博,很有文才,在列宁心目中是俄国最早从事研究马克思主义著作的前辈。列宁敬重他、佩服他,他也很看重列宁的才气,过去对列宁的帮助也不少。长期以来,他们相互之间感情甚笃。只是普列汉诺夫的那种衣冠楚楚、气势逼人、清高甚至孤僻的个性使人不敢恭维;党的二次代表大会上,他政治立场不稳,对于会议的决议,会上拥护,会后反对,为人不磊落,真教列宁极为不快。

但想到自己马上要离开日内瓦回国,不能因回国的分别而断裂同友人的关系,至少要对这位过去一直非常敬重的同志保持友好的个人感情和交流。更重要的是,布尔什维克很需要普列汉诺夫这样有才华的人,自己离开日内瓦后,更希望他能对布尔什维

克刊物给予支持和帮助。

"我想请你到布尔什维克的报社来工作。"列宁来到普列汉诺夫的寓所,直截了当地说出了自己的来意。

一时间,空气沉闷,只听到普列汉诺夫捧杯喝茶水的声音。

"过去,你对我各方面的帮助不少,我很感激。"列宁端坐在他的对面,态度十分诚恳地说,"我们现在政治观点上一时的障碍不能否认我们友好的过去。我不成熟的一面,特别是为政治见解上的分歧而一时的粗鲁,还望你多多包涵、谅解,相信我会越来越成熟起来。"

普列汉诺夫端坐着,腿高跷着,一只手习惯地摸着胸前发亮的扣子,一只手又去身旁那雕花茶几上慢吞吞端起茶杯来,漫不经心地品着,吸得茶杯咕噜咕噜地响。

"国内政治犯大赦,我想立即回俄国去。离乡5年多了,真想尽快地到国内去开展工作。不知你的意见如何?愿回去,我们结伴走;如继续留在这里,我想请你帮助斯塔索娃到我们刊物去工作。"

"回不回去,你自己决定。"普列汉诺夫只这么回答他。

茶杯又咕噜咕噜地响。

"去编辑部工作嘛,这事,我还要想想……感谢你对我的信任!"普列汉诺夫半晌才回答这个问题。

列宁见普列汉诺夫犹豫,便耐心地对他解释说:

> 这次国内工人农民武装起义的胜利已明确表明,俄国已从沉睡、闭塞的奴隶状态中苏醒,这种情形是从来没有过的,社会的各个阶级都活动起来,彼得堡、高加索、波兰、西伯利亚等全国到处响起一片愤怒声……争取自由的斗争变成了全民斗争。

无产阶级运动的高潮在农村里引起共鸣。农业劳动者的罢工爆发、农民拒绝缴税,也开始了反地主的真正起义,起义捣毁了地主庄园。

工人阶级及其政党在这次革命中客观上已起到了领导作用。即将来临的革命当然是一种资产阶级的而不是无产阶级的革命,也就是说,它不直接反对资本主义的基础,它是反对专制制度的封建残余的。但是这个资产阶级革命有利于无产阶级和农民,它是无产阶级所需要的,因为它给进一步争取社会主义扫清了道路。

无产阶级必须领导这个革命,它如果和农民群众联合起来,一定会在斗争中取得胜利。资产阶级支持这个革命是不坚决的,是从自私自利出发的,是半心半意的。只要专制制度稍一让步,狭隘的私利一得到满足,资产阶级就会不可避免地一齐转向反革命,转向专制制度,反对革命,反对人民。恰恰相反,农民则会坚决支持革命和共和制度,因为革命可以给他们土地。

而孟什维克认为,我们进入资产阶级革命的时代,那么领导作用一定不属于无产阶级而属于资产阶级。无产阶级只是资产阶级的助手,不能给自己提出独立的任务。孟什维克不相信农民的革命作用,反对和农民联盟,当然,他们也是反对武装起义的。

列宁为了争取一个人,说得实在是唇干舌燥,老听普列汉诺夫的茶杯响,他的喉管也干渴得拔笋样地叫。他想:不管说了以后出现的结果如何,尽到自己这份心吧!

列宁压抑了有些激动的情绪,欠起身,自己到茶具柜里找来只口杯,倒了开水。这时,普列汉诺夫也似乎表现出有些歉意来,

忙从精致的茶叶筒里向列宁已倒满开水的杯中投去几片茶叶。

"不用了,不用了,清清白白最好,清清白白最好!"列宁委婉地客套,一语双关,真想要点破这个聪明又糊涂的人。

那张伸长的嘴使劲沿茶杯边沿吹凉开水,又急切地沿茶杯边沿喝起来,还留着一缕犀利的视线注意普列汉诺夫这时的细微举止。

普列汉诺夫没有明显的反应,只是漫不经心地品茶,茶杯咕噜咕噜地响……

利用"杜马"

第一次武装起义的胜利,迫使沙皇政府不得不作出某些表示,于是派生出一个所谓代表人民说话的群众政治组织,或是代表人民利益说话的"代表",这就是"杜马"——议会。

1906年年初,俄国正处于第一届杜马选举的前夜,列宁面对胜利后仍然严峻的革命形势指出,革命还没有结束,人民夺取政权的斗争还在进行着,必须掀起一个新的高潮,必须准备起义。国家杜马是一个笨拙地伪造出来的人民代表机构。工人与农民不能把他们的代表选入杜马。参加选举不会加强,而只会瓦解无产阶级的战斗准备,参加选举会使民众相信:杜马也许可能为劳苦大众的解放做些事情。因此,他们无论如何不能参加杜马,必须抵制回避杜马。主要的事情应该是准备革命的一次新的进攻。

布尔什维克遵循列宁的领导拒不参加选举。孟什维克却主张参加选举,他们想迅速地从革命转入和平状态。他们羡慕欧洲的改良主义者。他们所要求是国会中的空谈。他们很快地同资产阶级达成默契,并且准备和专制政府妥协。

于是，布尔什维克从根本上保护和扩大了革命力量，增强了抵制沙皇政府反对武装的胁迫力，破坏了沙皇政府转移革命注意力的梦想。

由于政治形势的变化，列宁提议改变对国家杜马的策略。布尔什维克要从回避杜马改为参加杜马、亲近杜马。他说，在直接革命斗争的道路开放着的时候，对国家杜马加以抵制是正确的，现在局势变了，必须加强在非法状态下党利用一切能和群众接近的合法的可能性。党应该参加杜马的选举，以便利用杜马作为一个宣传鼓动的手段。列宁说，在杜马的斗争中"是启发、教育和组织无产阶级建立独立政党的一种手段，是争取工人解放的一种政治斗争手段"。

列宁要求，在国家杜马的工作中，应把大部分的注意力放在无产阶级的群众组织与它当前的斗争上。

第二届杜马的选举有好几个政党参加竞选：有黑帮，他们是拥护专制帝制、警察的权力与地主的产业的，他们是人民的最野蛮的敌人，是刽子手，是刽子手政府的走狗；有所谓十月党，他们是资产阶级的代表，工商业者的拥护者；有立宪民主党，他们是帝制派自由资产阶级代表，他们想和沙皇妥协来反对工农；有劳动派，他们拥护小有产者的利益，反映农民的革命情绪；最后就是布尔什维克党。

孟什维克竭力想使工人阶级运动从属于资产阶级。列宁坚决反对和资产阶级订立协定。他说："打倒任何联盟！工人政党在选举运动中应当保持实际的独立，而不是口头上的独立。"只有这样，才能够有助于巩固一个独立的无产阶级政党。

列宁每天指导着杜马的竞选运动，特别是彼得堡的选举运动，在那里，14个工人选出来的初选人中有8个是布尔什维克。

列宁激烈地抨击孟什维克在选举中的破坏活动。孟什维克

列宁传

的中央委员会为了这些抨击决定要使列宁受党的审判,但是他们并不敢执行这个决议。列宁揭发孟什维克中央委员会,布尔什维克把各地方党委员会争取了过来,把孟什维克的机会主义分子逐出领导机构。

党必须对新的局势作出估计,同把一切希望放在国家杜马上的孟什维克主义作坚决斗争,加强无产阶级对革命农民的影响,研究党的斗争策略。

为了解决这些问题,党于1907年春在伦敦召集了第5次代表大会。在这次大会上,布尔什维克得到了一部分拉脱维亚与波兰代表的拥护,从而在许多问题上都贯彻了布尔什维克的主张,出席大会的300多名代表,代表着15万党员,三分之一的代表是工人。

列宁在大会上作了多次演说,尖锐地批评了孟什维克中央委员会在两次大会之间这段时期的行动和它的反革命立场。

大会把列宁选入新的中央委员会,布尔什维克在伦敦大会上胜利了。

冰河上有个人影

列宁回国后虽然一直是用化名住在彼得堡,但由于他频繁的政治活动和日趋在全国产生巨大的影响,对统治者造成致命的威胁,特别是1905年革命失败后,出现了斯托雷平的反动时期,沙皇政府慌慌张张调集一大批特务在彼得堡搜捕这个"老头子",企图迫害列宁。

在彼得堡街上,有时突然出现一个农夫,胡子长长的,低着头,匆匆走过——

有时在一条巷子里出现一个工人,满面油污,手里提着一个夹底的"工具箱",匆匆走过——

有时,特务看见的是一个女工,包着头巾,急急向工厂区匆匆走去——

……

列宁用种种方法掩护自己,在沙皇政府的鼻子底下和猎犬们的到处搜寻下,紧张有序地工作。

隐蔽一阵后,追捕局势越来越严,他不得不转移到芬兰去,住在离彼得堡一小时路程的考卡拉。

在考卡拉,列宁和党的其他同志住在一所小房子里。他在二楼有一间小房子,房子里沿墙壁放着两张床,上面铺着普通的毡子,在两张床之间放着一张小桌子,上面盖有一张报纸,房间里堆满了书。

布尔什维克中央委员会和党的其他会议有好几个月都是在这里紧张办公。列宁在这里指挥着布尔什维克的一切活动,后来列宁又在紧张的局势中将党中央办公地址迁至芬兰内地。

1907年一个秋夜,布尔什维克的一个同志匆匆过来。

"你知道吗?上面已经发出拘票,要来这里逮捕你了。"这位同志喘着粗气告诉列宁。

"那真讨厌,我这里还有许多工作要做呢!"列宁不慌不忙地说。

"这里的事你别管,你快些离开这里,出国!"党中央决定,要列宁马上出国政治避难。

列宁镇定地考虑了好久,他想,在沙皇政府来到芬兰内地逮捕革命者的情况下,他也不可能在国内做出更多的事情来了。他便决定再次离开工人们又到国外走一趟。

列宁这次移居国外,照平常那样搭轮船是不可能的,因为所

列宁传

有的码头都有警察局的侦探在监视着,加上列宁加入了国际共产主义组织,国外也影响很大了,沙皇的协约国也协同捕捉他。

这次回国又出国,革命进入急风暴雨中,列宁自那次国外码头上给妈妈送行以来,还一直没有见到妈妈,又要匆匆离开俄国了,他心里多想念啊……

窗外的警车呼啸而过,疯狂而来,织网般密。列宁当务之急,必须避开码头从一个小岛上搭乘轮船,但是要到这个小岛上去,他得在冰河上步行大约3俄里。

这是必经之路,虽然已12月,可河里的冰还结得不坚固,踩在脚下咯嘣咯嘣作响,这时从远处灯光隐约的码头上连连传来凶恶的喊声:"冰河上有个人影,抓住他!"

也就正在列宁留心对方的位置的时候,脚下的冰层突然裂开,扑通一声,他的整个身子堕入冰窟里了,并被冰层下的流水带走。

"难道我列宁先生就在这冰河里结束了吗?""沙皇和我的布尔什维克战友们,还有我的妈妈和姊妹,他们又到哪里去找到我……"列宁在另外的一个世界里思索着,苦苦挣扎着,凭他游泳的绝技,用头部猛烈地撞击冰层,终于破出了新的冰窟窿,又破尽身旁的一切不坚固的冰块,好不容易才跳出冰窟来。

列宁幸免一死,远处"抓人"的声音也没有了。

"那姓冰的白色帝国不敢革了我的命!不幸中的万幸,俄国无产阶级避免了一个小小的波折……"列宁好不容易与其他同志接上头,换了衣服,又同朋友们幽默一番。

列宁经过斯德哥尔摩到了日内瓦。于是开始了他第二次国外亡命生活的艰难时期。这一趟出国长达9年半之久,似乎革命已被粉碎,沙皇政府胜利了。但列宁不是那种一失败就沮丧和无所作为的人。他立刻开始了工作,在他到达的第一天,就立即写信询问有没有一家可以出版布尔什维克报纸的印刷厂,他把附近其他城市的党员招来又成立了《无产者报》编辑部。一个月后,他写信告诉作家高尔基:"一切都准备妥当,日内就发出刊预告。"

这张党中央机关刊又于1908年2月复刊,《无产者报》又成为团结布尔什维克力量的中心,领导党与工人群众开始新的进攻。

把孟什维克驱逐出党

专制政府为稳定动摇了的统治,对无产阶级革命进行了疯狂的镇压,反动派也乘虚而入,俄国民主工党中的孟什维克和布尔什维克长期名义上的联合,实际上的对抗,严重削弱了工人阶级革命的战斗力,给无产阶级革命的发展带来了很大的障碍。

党的工作被迫转入地下。

党的最重要的领袖都被放逐或监禁或亡命国外。工人的报纸被封禁。工会被解散和摧毁。罢工的浪潮低落,列宁对手中的统计数字越来越"摇头":1905年有300万罢工工人,1906年有100万工人罢工,1907年只40万人,1908年17.4万人,1909年竟减少到6.4万人……沙皇的警察用大批的密探包围了工人组织,甚至还有密探打进了党的中央机构和杜马工人代表的党团。

不久以前还玩弄革命而高呼"打倒专制政府"的大部分知识分子,现在转到了黑帮分子方面去,或者完全放弃了政治。自由资产阶级变得更加反革命,在工人政党的斗争中比以前更加凶狠了。在农村中,富农利用那使富有的农民便于购买土地的斯托雷平法令,增加他们的财产,榨取贫农。甚至在一部分工人中也出现了一种消极情绪。

在布尔什维克党自己的队伍里，也有不少人在困难面前畏缩的动摇分子，有不少机会主义者，有些知识分子完全脱离了党，关于这一点，列宁愤怒而又自豪地写信给作家高尔基说：

> 党清除掉这些市侩垃圾，工人将担负起更多的工作，工人出身的职业革命家的作用正在加强，这一切好极了！

反动势力猖獗时，只有列宁，只有布尔什维克还高高举起革命的红旗，布尔什维克和这位旗手强力忍受着沉重的打击。

列宁身居国外，心里时时牵挂着国内的革命运动发展，牵挂着工人农民的命运。

"一定要纯洁党，把孟什维克清除出党，把党内所有不可靠的分子都清除出去！"列宁立下了这个念头，被流放、被罚做苦工以及亡命在国外的布尔什维克们都被"旗手"的一种思想、一种感情所激励着，他们知道那没有被玷污的布尔什维克的旗帜有列宁的强有力的掌握，一次新的政治和军事的进攻又开始了。

1907年秋，列宁为争取工人群众的绝对多数到自己这边来，进而扩大布尔什维克主义的国际影响力，他积极争取参加在斯图加特召开的国际社会党的代表大会。他在会上揭发机会主义者是劳工运动中资产阶级的代理人，耐心向外国工人解释布尔什维克主义的实质。

过去，第二国际的机会主义者阻止列宁参加国际工人运动的中央机构，在孟什维克反对布尔什维克中，他们总是支持孟什维克。列宁毫不留情地揭露孟什维克在摧毁工人政党、抛弃反对专制政治与地主的斗争，号召工人们和专制政府妥协，转到合法活动的方式上去而反对工人的斗争方式等背叛行径。第二国际的领袖们这才真正认识到，俄国强有力的工人政党是在列宁的领导下的布尔什维克主义的党。

列宁在国外流放期间，还为增强布尔什维克主义的凝聚力、号召力，尽可能地一边工作一边利用图书馆研究革命理论，他特地到伦敦去，利用英国博物馆这一欧洲最大的图书馆，透彻研究了200多种以上的哲学著作。一次去图书馆途中，他因潜心思考问题，自行车又与卡车相碰，自行车被压碎，自己鹰般一跃，才脱离危险，又一次躲过亡命之灾。

第二国际的一些中央领导人见列宁和他的布尔什维克工人运动在国际上影响日增，位置逾高，心里开始不平衡，企图干涉布尔什维克和孟什维克的斗争，为难列宁。1910年春，列宁利用哥本哈根的国际社会党大会，团结第二国际的左派同他们作坚决的斗争，最终促使大会的决议都带有了布尔什维克主义的革命性。

孟什维克在会上激烈反对列宁，他们诬蔑他是"毁坏党"，丧失人性地希望列宁失踪或死亡。有人问孟什维克的一个领袖，一个人怎么这么危险，他愤怒地回答说："因为没有另外一个人会在24小时内都全部贯注于革命，除了想革命以外没有别的念头，甚至做梦也看见革命。你倒试试去对付这样一个人看吧。"

的确，要对付这样一位为群众信服的无产阶级领袖，不仅孟什维克无能为力，就是受国际帝国主义支持的所有俄国剥削阶级也是无能为力的。

列宁在第二国际领导之间的争议尚未走进群众论坛之前，积极向国外社会主义报纸上写文章，使国外的工人了解俄国革命与布尔什维克的意见。

1911年夏，列宁又在巴黎郊外的龙寿姆成立了党校，培养从俄国来的工人布尔什维克。

俄国革命对全世界工人阶级与民族解放运动产生了巨大的影响，俄国总罢工的经验开始被西欧的无产阶级所采用。在俄国革命的直接影响下，在东方的中国、波斯（今伊朗）与土耳其爆发

了资产阶级革命。列宁在评述这些革命时指出,东方的民族民主革命有助于无产阶级反对国际帝国主义的斗争。布尔什维克的思想、列宁的思想在世界各国开始传播。

1912年年初,列宁知道布尔什维克主义的党已在同反动势力大风大浪的斗争中彻底挫败了敌人的想瓦解的企图,党锻炼得越来越成熟起来,他抓住有利时机,秘密地准备召开新一次党的代表大会——党的第6次代表大会。俄国社会民主党全国第6次代表大会于1912年1月18日至30日在布拉格召开。

这次会议对布尔什维克过去反对机会主义的全部斗争作了总结。会上,通过决议把孟什维克取消派驱逐出党,永远结束了布尔什维克同孟什维克联合在一个党内的局面。从此,布尔什维克从一个政治派别正式形成独立政党——俄国社会民主工党(布尔什维克)。

列宁在会上作了关于中国革命和亚洲解放的报告。《关于中国革命的决议》指出:"中国人民的革命斗争将给亚洲带来解放,使欧洲资产阶级的统治遭到破坏的世界意义。""俄国无产阶级怀着深切的热忱和衷心的同情注视着中国革命人民获得的成就。"决议并斥责了俄国自由派支持沙皇政府掠夺政策的行为。

同年4月,西伯利亚一个金矿的工人罢工,沙皇政府枪杀工人500人。"五一"节,全俄100多万工人起来罢工,一个新的革命浪潮开始了。

经过列宁的努力争取,原波格丹诺夫集团成员的高尔基更加接近于党,高尔基成为无产阶级杰出作家,他为《真理报》积极写文章,并担任了布尔什维克杂志《启蒙》的文艺栏的编辑。

列宁领导下的党的新机关报《真理报》,凝聚了团结党并把大多数俄国工人引到布尔什维克主义这边来的巨大的力量。

再次被捕

"欧洲各国以及在受帝国主义压迫的国家里已经堆积了多少易燃物……"列宁多次向人民预示着世界大战爆发的可能性和大战的迫近。他已拟出了战争爆发时工人政党的策略,在国际大会上,作为第二国际的领导人,他屡次要工人群众注意到战争的危险,注意到必须在军队中进行革命工作和为无产阶级做好极度困难的反战斗争的各方面的准备。

大战前的两年里,列宁的妹妹赶到巴黎来看他,一见面便惊呼:"哎呀,二哥,你怎么啦?"

"我怎么啦?"列宁却风趣地说,"我不是没有怎么啦?"

"不,你脸色不好,瘦了许多。"

"嗯,也许是的,这几天晚上写东西写得迟了一点,但我吃得并不坏!"

天知道,列宁昨夜整整饿了一夜。然而,列宁从来不向人诉苦。

列宁的妹妹看他衣服穿得太单薄太旧,甚至露出破绽,买了一件外套送给他。列宁开始怎么说也不要妹妹的衣服,后来经人劝告他才收下来。

俄国国内的革命力量,虽然在抵制沙皇的压力下依然向前突飞猛进,工人阶级已经抬起头来,布尔什维克已经压倒孟什维克,站在革命的领导地位上。但列宁深感国际形势的紧张,面临的革命更困难、更艰巨。为了指导工人们进行斗争,更接近俄国一点,他在党的第6次代表大会后移居波兰,并又移居在奥地利离俄国边境比较近的小市镇加里西亚的波罗宁住下,他回答作家高尔基

的信中说：

> 你问我为什么住在奥匈帝国，中央委员会在这里设立了中央局（请不要对别人说）；这里离边境很近，是可以给我们利用的。这里离彼得堡也近些，在三天里就可以收到从那里寄来的报纸，写文章给那里出版的报纸容易得多了……

这次，列宁又争取高尔基到《真理报》去工作，他自己也经常给《真理报》写稿子。

长期侨居异国过着政治流亡生活的列宁，工作任务重，经济上拮据，生活节俭，饮食不佳，身体渐渐不如以前了，他有时候不得不休息。可他的休息又不如说是在紧张工作，他爱散步，到工人家和农民家里去访问："你们工作累吗？每天工作几小时？你的女人帮助你工作吗……"

列宁经常在这种散步的访问后知道了工人农民生活上新的资料，便高兴地告诉朋友，而且把它记录下来。很快，在他的文章中，便可以见到他是怎样适当地解答工人农民生活中的各种问题的。

革命从高潮又转入了低潮，流亡国外的革命者工作、生活上更为困难，列宁在《真理报》上安慰鼓励大家：

> 我们比我们的爸爸干得好些，我们的子女将来会比我们干得更好些，他们一定会打胜仗的。
>
> 工人阶级不会灭亡，而且在斗争中生长、坚固、强壮、团结……我们对工人运动和它的目的是非常乐观的，我们打好了新屋子的屋基，我们的儿子女儿会把它完全造起来。

1914年8月4日一大早，列宁刚起床，一位手上拿着报纸的同志慌慌张张地向他跑来——

"大战爆发了,爆发了!"他大声喊。

列宁接过报纸,立刻看见报纸上的头号大字:

战争爆发!

7月28日,奥匈帝国向塞尔维亚宣战;8月1日,德国向俄国宣战以后又向法国宣战;8月4日,英国向德国宣战……

在大约一个星期内,几乎整个欧洲都卷入了战争。一场血腥的屠杀开始了,在这场屠杀中,千千万万的工农成了资本主义列强重新瓜分世界的牺牲品。

俄国以及世界的形势在变化。列宁在战前就拟定了大战中党的新的战术和策略,及时向俄国国内布尔什维克党和他的工人们推荐。然而,列宁的工作也很快受到阻碍,在艰难中进行,宣传范围缩小,《真理报》被迫停刊。

"我们不要世界大战!"他向俄国和全世界无产者呼唤,"这场战争完全是资产阶级争夺骨头的战争!""对战争与资产阶级政府不要给予任何支持,变帝国主义战争为国内革命战争!"

列宁积极筹划,利用大战引起的危机,推动民众,推翻独占资本的剥削、统治阶层。

开战不久,正当列宁紧张工作的时候,奥匈帝国的警察擂响了他的房门。

"有人报告我们,你是俄国的间谍!"

就这样,列宁被捕了,他第四次进了监狱。

搜出列宁的一些统计图表,它们被认定为是他同俄国联络的暗号,侦探报告中还说他常在市郊散步,说他是在"爬上山去测量道路"。

交战各国的警察在资产阶级报纸上疯狂的文章煽动下,眼睛里到处都是间谍。军事法庭可以不经一定手续处置有嫌疑的以

及他们所讨厌的人物。光是嫌疑就足以使一个人被判处枪决或私刑处死。

"必须立刻想办法营救列宁!"住在波罗宁的同志们打电报给他们所认识的奥匈帝国议会的议员,到地方当局去闹,声称这是无赖的诬告,要求立即释放列宁,并且想办法到监牢里去探望他。

克鲁普斯卡娅及其他同志尽可能将一些重要报纸送进监狱,列宁详细询问他们交战国社会党的动态,机会主义是否背叛工人阶级。

监牢里有许多当地的农民,列宁在法律事务方面热心帮助他们,替他们写各种证词。这位俄国劳动者的领袖立刻受到奥匈帝国农民的极大尊敬,农民称列宁"硬汉"。

列宁的案子转到军事法庭,全靠俄国、波兰、奥匈帝国朋友们的大力营救,特别是连奥匈帝国的工人、农民兄弟也出面替他鸣冤叫屈,终于,坐牢 11 天后得以释放。

出狱后,他当即离开俄国的交战国这块是非之地,去了中立国瑞士的伯尔尼。

"我们不要世界大战"

报上的消息证实了列宁的担心,机会主义分子和第二国际的领导者们出卖了工人阶级。

列宁到达伯尔尼的第二天,就召集那里的布尔什维克紧急会议。他宣读了他关于战争的提纲,提纲一致通过并寄发俄国国内布尔什维克党组织。

所有第二国际的领导人物中,只有列宁一个人挺身而出,强烈反对社会党的普遍叛变，反对他们倒向资产阶级政府一边，反对同资产阶级和平共处的口号。国际社会中只有他一个布尔什维克党号召继续无产阶级的斗争。

列宁指出，这个战争是一场帝国主义的侵略战争，为了资产阶级的利益，一个国家的工资奴隶被煽动来反对另一个国家的工资奴隶。赞成战争的一次投票就是直接背叛了社会主义。它表明第二国际已经破产了。这破产是由于机会主义的策略，他们放弃了阶级斗争而继续奉行同资产阶级妥协的路线。那些借口必须保卫祖国以拥护战争的人，而实际上是帮助俄国沙皇统治者掠夺社会党人，助长沙皇帝国的侵略、剥削、掠夺的罪恶本性，他们已经完全投身到资产阶级方面去了。

布尔什维克的口号是：宣传社会主义革命；号召士兵们不要把他们的武器指向他们自己的弟兄——"敌"国的无产者，而要指向他自己的资产阶级政府；要进行无情的斗争反对沙文主义，反对背叛了社会主义的第二国际的领袖们。

不几天，列宁得知像绝大多数孟什维克一样，普列汉诺夫也完全叛变革命，他号召工人们在战争中拥护、支持沙皇政府的侵略战争。

列宁特地赶去瑞士的一次社会党工人集会上听了普列汉诺夫关于战争的演讲。

普列汉诺夫演讲完毕，只有列宁一个人报名要求辩论。

台上，这个苏格拉底式的秃顶汉与刚才的普列汉诺夫截然不同。普列汉诺夫是矜持、高傲不易接近的人物，虽演讲辞藻华丽，才华横溢，可他的辩论却带有做作的热情与戏剧式的姿态，像一个尚缺乏内在感情的"律师"，不像是工人自己人。

列宁的演说不是为了追求戏剧效果，而是要使他的受众信服。他不讲究夸张的词句或机智的布局或演讲的手势，他把他的

演说建筑得像一座坚固美观又大方的大厦,这座大厦的每一样东西都安放得恰当,每一样东西都很朴实并用水泥砌得结结实实。

列宁的演说一开始不打算博得听众的喝彩,而是渐渐通过它铁一般的逻辑性伸出只只无形的手把受众一个个地抓住不放。普列汉诺夫则是先声夺人,让人"笑在前面"。列宁似乎研究过"会笑的笑在后面"的效应。

列宁一上台,近席的人都发觉普列汉诺夫的跷跷腿颤悠悠得像发抖似的不自然。他早就领略过列宁这种演讲的朴实而辛辣的风格,以及使群众倾倒的威力。

一次列宁用卡尔波夫的假名在彼得堡民众文化馆的一个盛大群众大会上发表演说,闻名全彼得堡的演说家们一个跟着一个地登上讲坛,立宪民主党、劳动党和孟什维克的杰出人物都上了台。这个前额非常突出并且眼睛稍微有些斜视的引人注意的矮个子,讲了不到10分钟,他的观点就完全控制了成千上万的群众,群众就像相信"2+2=4"一样地相信他所讲的一切,他的观点根本无须作第二种解释。这种没有漂亮的辞藻,这种朴实的"话语",比华丽辞藻甚至抑扬顿挫的表情更能打动人心。

当列宁走下讲台时,全场掌声雷动,接着又涌起欢呼的浪潮。普列汉诺夫亲眼看到连那些刚才被他揭露的人也参加了这全体一致的欢呼,有的群众高兴得流泪或唱起了革命歌曲,有的竟然从他们自己的衬衫上撕下来一块红巾条作为"红旗帜"向人山人海中散去。列宁那次演讲后不久,全国到处发生了大罢工。

普列汉诺夫敏感地意识到,这里很快又会形成不利的氛围,会使自己无地自容。于是,这位"将军"式的人物只好中途从会场里退出来。他一直理解不了:为何"老头子"那么具有煽动性?能那么融合那些拿锤子的?怎么偏偏只有他才是可以放心大胆追随的人?

这次同普列汉诺夫分裂以后,列宁又在瑞士的几个城市里作了关于战争的演说。

很快,列宁关于战争的提纲得到了国内外布尔什维克代表和中央委员的一致赞同。大战的紧急关头,俄国内外的各布尔什维克党组织高度一致,列宁的追随者与革命同志坚定地高举着布尔什维克的旗帜。

鞋匠家的灯光

大战期间,布尔什维克党财政告急,"党的经费一共只有160法郎了!"

列宁得到俄国国内的中央委员们的复信后,起草了用中央委员会名义发表的对战争宣言的最后定稿。但要发表这个文件并不是件简单的事,经费紧张,又没有纸张,找一家印刷厂也很难。列宁亲自出面来办理这些事情,仗着他的精明,计算出用几号字排版印刷省纸张,版式如何,印多少份,他都一一经手。

《社会民主党人报》第33号终于出版并刊登了宣言《战争和俄国社会民主党》的全文,宣言还单独印了出来。

"变现代帝国主义战争为国内战争是唯一正确的无产阶级口号,这个口号由巴黎公社的经验所提供。"这是宣言所号召的主要内容。

1916年年初,列宁又从伯尔尼搬到了苏黎世,他和克鲁普斯卡娅婉言谢绝了俄国政治侨民宽敞舒适的住房,住在鞋匠卡墨列尔家的一间房子里,房间狭长又阴暗,螺旋形转梯,拐角处,既窄又陡,连白天也点着一盏小煤油灯借以照明。住房的一边墙壁放两张床,沿另一边墙壁放着列宁工作的桌子,一只小炉子供取暖和

妻子做饭用。

这里房子紧,条件差,又一块拥挤很多的人。关心列宁的同志多次提出为他们另找住地,列宁都是摇头回答。一是考虑党的经费;二是这里到藏书丰富的中央图书馆近在咫尺,附近每个拐角处都设有小饭店,同需要碰头的人会面方便;三是这鞋匠家主人的无产者意识和革命的观点与他融合。克鲁普斯卡娅说,一次列宁听卡墨列尔的妻子竟然喊道:"士兵们,应该掉转枪头去反对他们自己的政府!""从此以后,列宁对于任何建议搬家的话都不愿意听了。"

1914年秋,自从列宁提出世界大战有可能爆发开始,就着手对有关帝国主义的资料做了广泛深入的研究。1915年8月列宁在《论欧洲联邦口号》一文中,根据帝国主义经济政治发展不平衡的规律,第一次提出"社会主义可能首先在少数甚至在单独一个资本主义国家内获得胜利"的思想。这是列宁对社会主义革命理论的划时代的新贡献。

在鞋匠家,列宁除指挥俄国大战中的工人运动外,还搬出了他前两年准备的三大本报刊剪贴和资料卡及草稿,赶写他的《帝国主义是资本主义的最高阶段》的伟大著作。这本著作是马克思《资本论》的直接续集,总结了《资本论》出版以后资本主义在半个世纪中的发展,对帝国主义做了全面的分析,指出帝国主义是垄断的、腐朽的、垂死的资本主义,是社会主义革命的前夜。

列宁为无产阶级革命者坚定社会主义必胜的信念,在黎明前的一片漆黑里又点亮了一盏明灯。

各地的革命者都知道,瑞士山区的鞋匠家里,有一个无产阶级领袖在密切地注视着世界形势的转移,用他永不疲倦的手和那磨不完的笔在做领导无产阶级革命斗争新的准备工作,不断地同工人阶级的一切叛徒作坚决的斗争。

鞋匠家的灯光,划破夜空,迎接黎明……

工农需要自己的政权

　　1917年的俄国,专制政府被长期的掠夺战争拖得精疲力竭。全国物价高涨,粮食恐慌,军队在战争中连吃败仗,官兵怨声载道。大战的几年里,俄国无产者受布尔什维克战争宣言的鼓动,不但不支持沙皇的帝国主义掠夺战争,工人罢工和农民抗租抗税还持续增长。专制统治机构分崩离析。

　　2月,彼得格勒工人大罢工,士兵参加工人示威的队伍,无产阶级和他们的"穿军装的农民"的"战斗联盟"建立起来。革命运动又很快地从首都发展到全国其他的大中城市和农村。

　　不到几天,沙皇政府被迫下台。

　　可是,"二月革命"的胜利果实却被资产阶级抢去了,社会革命党的首领克伦斯基夺得了政权,组织了临时政府。临时政府不但不帮助劳苦大众,反而镇压和残杀工人与劳动农民,扼杀革命,维护君主专政和罗曼诺王朝的统治,并继续投入掠夺战争,孟什维克和社会革命党人也帮助这个地主和资产阶级的临时政府实行资产阶级专政。

　　这时,流亡于瑞士苏黎世鞋匠家的列宁是多么焦急呀!他在给加温基同志的信中写道:"我可以想象到,在这样的时候坐在这里,这对我们大家是多大的折磨啊!"他坐也不是,睡也不是,像关在笼里的雄狮一样急得发慌,一心渴望直接参加领导工人和劳动农民继续开展革命斗争,推翻临时政府。

　　列宁立即向国内发出指示:

　　　　现在,主要的事情是办报刊,是把工人组织到革命的社

会民主党里去……无论如何不再采用第二国际的形式！无论如何不同考茨基合作！一定要有更革命的纲领和策略。

列宁在1917年3月间所写的信里提出了许多口号：

> 为建设共和国而斗争，为反对帝国主义而斗争，最重要的是去组织群众，去唤醒人民中的新阶层，"以便准备由'工人代表苏维埃'夺取政权，只有这样的政权能够提供面包、和平和自由"。
>
> 工人们，你们在反对沙皇制度的国内战争中，显示了无产阶级的人民的英雄的奇迹，现在你们应该显示出无产阶级的和全民的组织的奇迹，准备在革命的第二阶段上取得胜利。

这个非常时期的俄国，工兵代表苏维埃以其无产阶级的独立性与临时政府两重政权并存。无产阶级还不能把政权掌握在自己手中，资产阶级也还没有能力来解决苏维埃而在全国形成自己的专政。

"二月革命"后，列宁指示《真理报》立即复刊，他及时在彼得格勒复刊的党报上写了5封《远方来信》。列宁根据对俄国和全世界革命的阶级力量的分析，根据1871年和1905年革命经验的总结，指明了从资产阶级民主革命过渡到社会主义革命的远景。他号召工人们决不能赞助资产阶级临时政府，而应该从它的手中把政权夺过来，按照工农代表苏维埃的形式组织政府。打碎旧的国家机器，建立人民武装，没收地主全部土地，实现社会主义。列宁回俄国前他就已草拟了无产阶级夺取政权的全部计划，详尽地拟定斗争的阶段和要通过的途径，并以天才的远见拟定了通过"十月革命"的斗争道路夺取胜利。

劳动人民的肩膀

列宁的回国是件不容易的事,取道英国和法国是不可能的,因为那些协约国是不允许"黑名单"上的国际主义者通过,取道协约国有被扣留、逮捕或轮船被击沉的危险;他设想过冒用瑞典人的护照装成一个又聋又哑的人出国,这也是凶多吉少的。

后来在瑞士社会主义者普拉延的全力协助下,终于只好以交换拘留在俄国的德国俘虏为条件,取道德国绕道瑞典、芬兰回俄国。

俄历4月3日,列宁在离最后一趟开往德国的火车发车的两小时前获得了这个消息。

列宁要求在这两小时之内妥善处理一切回国的事务,当日启程回国。立即通知分散在瑞士许多城市里的所有布尔什维克支部,帮助那些身无分文的同志动身,安排好回国事务,安顿好留下来的家庭。他自己立即捆扎书籍和随身物品,归还图书馆的书,结清房东太太的账,并亲手将他一个尚余下5个法郎和5个生丁的存折交给留下来的支部司库员哈利东诺娃作为他和克鲁普斯卡娅4月份应缴的党费,还歉意地说:"请原谅,这一委托给您添了麻烦,可是自己没有时间办这件事了。"临行前,又在齐林格大厦饭店与继续留在瑞士的政治侨民举行了场面热闹的告别仪式,他作了精短的讲话,又宣读了一个回国人员签署的文件。

两小时!列宁和他的同志们办妥一切事情,准时赶上这趟最后去德国的班车。

普列汉诺夫等孟什维克咒骂列宁这次的行动是"疯狂"的,与德国去俄的俘虏交换出境是"罪恶"的,当列车离开苏黎世时,

他们还对列宁布置敌意的威胁勾当。但相隔不久,普列汉诺夫也只好以同样的唯一的方式取道回国。

途经瑞典,瑞典边境上,俄国和瑞典的同志在迎接列宁。

经过芬兰,俄国的边防军士们都跑到宽大车厢里自行集会,听列宁发表土地、自由和结束战争问题的讲话。

停靠白岛车站,在这里,欢迎俄国无产阶级革命领袖的热闹场面开始了——

4月3日这天正是节日,工厂放假,报纸停刊,工人住宅区却迅速传遍了一个喜讯。

一些布尔什维克的同志赶来白岛迎接,列宁的亲属也前来迎接这位又连续政治流亡9年的游子,一踏上母亲的土地,热血腾地沸上脑门,头顶红热,眼睛湿润,内心顷刻间有一种游子愧于母亲的遗憾:1916年7月,正在苏黎世鞋匠家赶写《帝国主义是资本主义的最高阶段》的时候,突然传来妈妈逝世的消息,刚毅的妈妈没能再等上几个月,你盼望的儿子回来了,却永远再也握不到妈妈那善于拨动心弦的慈爱的手了……

谢斯特罗列兹克的工人们,男女老少,舞动着红旗,潮水般涌进了站台,列宁站在月台上,褐色的眼睛里闪烁出五彩光环,久别故土的赤子像在人群中看到了妈妈、看到了爸爸、看到了哥哥……孩童般地扑入了妈妈的怀抱……

"欢迎列宁!"

"列宁万岁!"

欢呼的浪潮涌向这位流亡在外的领袖。

其中的一个工人这样说:

正当列宁快要下车时,我放开喉咙喊道:"把他抬到我们肩上!"我抱住了他的腿,他的身子失去平衡,就搂住我的脖颈。别的同志也跑过来,我们不顾列宁的反对,把他抬起来走。围着的人让开路(那时月台上挤满了各式各样的人),我们把列宁抬到站里放下;他站在那里,谁好像都说不出一句话来……我们都为狂喜所征服了,我们围成一圈站在那里就像昏迷了一样,列宁站在那里只是望着;工人们都围着他……这不是梦呀:这是列宁,他穿着一身灰色衣服,站在白岛车站的地板上。

这是难以解释的事。我看到列宁也同样深深地感动了!但是这不过一会儿的事,他很快"复原"了,他抓住我们,吻我们,一个,两个,三个……

列车当晚抵达彼得格勒,车站、广场和邻近的街道,人山人海。月台上排列着由舰队水兵、机枪连士兵和普列奥布拉任斯基团队士兵组成的仪仗队。当列宁出现时,陆军和海军都举枪致敬,军乐队奏起《马赛曲》,工人和士兵向列宁招手,许多人流下热泪……

千千万万的工人和士兵会聚成一个共同的心声,欢迎劳动人民敬爱的领袖回国。

"欢迎,欢迎"

"列宁万岁!"

"无产阶级革命万岁!"

欢呼声、口号声此起彼伏,潮水般奔腾咆哮……

这里的工人又把列宁抬在肩上,从月台抬到站上的大休息厅,这个长期供帝王享用的地方,今天由劳苦大众的肩膀抬出了自己的领袖,列宁在这里听取了简短的形势报告后,他第一次以无产阶级领袖的身份向彼得格勒的工人阶级和人民子弟兵致以无产阶级革命的崇高的敬礼。

广场和街道到处飘扬着被成百支火炬和探照灯照耀着的鲜艳的红旗。陆军和喀琅施塔得海军士兵在路旁列队。开路的装甲车隆隆驶过。

到了广场,列宁刚坐上给他预备的小汽车,工人们却高声地向他呼唤,要他走出小汽车换乘装甲车。呼唤声中,工人们又把列宁抬到了装甲车上,他在广场中心立得高高的,探照灯像聚集着这里成千上万睁着的大眼睛,在注视着缓缓移动的装甲车,注视着列宁这位劳苦大众的领袖,看他有什么奇特的与众不同……

列宁没有戴帽子,他的头就像一盏探照灯在探索照亮着我们每一个人,他敞开着灰色的大衣,举起手,上身稍往前倾,激昂地发表演说:

……我们要打倒资产阶级和地主,即刻实行无产阶级革命,举行起义。我们反对世界战争!……

他的演说经常被欢呼声打断,最后他振臂高呼,"世界社会主义革命万岁!"这个声音就久久地排山倒海般地震响彼得格勒的夜空……

装甲车通过欢迎的行列,开进中央委员会住地,那里也聚集了很多的群众欢迎列宁,列宁又一次幸福地沉浸在无产阶级欢呼的海洋之中……

当天晚上,欢呼的潮汐平静后,列宁同党的领导一直倾谈到天明。

第二天,列宁向党中央委员、彼得格勒委员会委员和出席全俄工兵代表苏维埃会议的布尔什维克作报告,宣读并说明了无产阶级任务的提纲,那就是后来著名的《四月提纲》。

4月7日的《真理报》发表了"提纲"。"提纲"回答了俄国革命面临的重大问题,制定了从民主革命向社会主义革命发展的路线,列宁指出:"目前俄国的特点是从革命的第一阶段过渡到革命的第二阶段","第二阶段则应当使政权转到无产阶级和贫苦农民阶层手中"。苏维埃共和国是无产阶级专政的最好政治形式,列宁还提出了建立第三国际和把党的名称改为"共产党"的建议。

在全俄代表会上,全国各地担任领导工作的布尔什维克都到了。那些长年地下工作、监禁、流放和流亡之后第一次聚会的布尔什维克,与自己的领袖们欢聚一堂,大家心里有说不出的高兴。大家互相之间感觉到了党的强大而有力,有着无产阶级广大群众的拥护,有着坚强的领导集体。

遵照列宁的指示,布尔什维克针对机会主义分子对《四月提纲》的反对,每天在工人集会上,在兵营和农民中深入演说鼓动。

普梯洛夫工厂的一个工人说:

> 突然,从人丛中,从四万人的群众中,他登上了讲台……我简直找不出什么字眼可以表达出他那种伟大的气概,他用来抓住听众的那种奇特力量……他讲的话抓住了他们的心,用热情使他们振奋起来。恐惧和倦怠消失了。看起来,好像并不只是列宁一个人在演说,而是全场四万工人,坐着的、站着的,都在倾吐他们内心深处的想法。就好像工人所感到的一事一物,列宁都正在替他们传达似的。每个人所想到的、体验到的,但没有适当的词或机会来向他的同志清楚而充分地说明的一切——这一切突然都被列宁的演说表达出来了。

针对农民最关心的三个主要问题——战争、土地和国家机构问题,列宁于6月4日夜晚在全俄农民第一次代表大会上发表演说。在列宁登上讲台前,一个到会的农民代表说:

> 外面正在下雨,列宁穿着淋湿了的外套和鞋子从屋外进来,悄悄在巨大的塔夫利达宫的一个角落里坐下。没有人

列宁传

注意到他进来。当一个讲演者发言结束时,我们宣布:"列宁在这里。假如代表们请他讲话,他就会讲的。"

农民齐声喊道:"我们要列宁讲话,我们要列宁讲话!"于是,列宁登上讲台……

6月18日,群众自觉兴起的游行示威中绝大多数都是打着布尔什维克主义的口号:"一切政权归苏维埃!""打倒十个资本家的部长!""打倒战争!""我们要和平!"……示威游行变成了全国追随列宁的无产阶级革命力量的一次大检阅。

黎明前

摇摇欲坠的临时政府对布尔什维克的存在已深恶痛绝,惊慌失措的沙皇反革命将军们"图穷匕首见",决定摧毁布尔什维克,扼杀它的旗手——那个被工人们奉为"上帝"的矮个子列宁!

疯狂的诽谤开始了。全彼得格勒游行示威的第二天,阿列克辛斯基和一个叫叶尔摩兰科的海军少尉合署一个声明,出现在一张黄色的小报《活的言语报》上,诬蔑列宁从德国政府里得到200万法郎并被德国用"加封条"的保险车厢送回俄国,进行间谍活动,他是德国参谋部的间谍,并在巴黎演员的克舍辛斯卡娅宫过着奢华的生活……同时也诬蔑了别的布尔什维克,司法部部长赶忙制造了各式各样的伪证。临时政府首脑克伦斯基从前线调回了反革命的军队和士官生队伍。很快搜捕列宁和对布尔什维克的袭击、逮捕、屠杀开始了。

"列宁在半个钟头以前还到过这里,看他能长上翅膀飞到哪里去?"士官生队伍的人摸着列宁办公桌上的茶杯水,还是热的,于是,发出狰狞的笑声。《真理报》编辑部和印刷部都被捣毁,连屋角的废纸堆也被凶狠地插进了刺刀……外面又包围着反革命的军队。天罗地网,列宁纵然是山鹰,长出翅膀,又能飞出去吗?

第二天一大早,布尔什维克党中央书记斯维尔德洛夫悄悄来到了列宁的住处,告诉他《真理报》办公处被捣毁,并要他立即隐蔽起来。雨中,斯维尔德洛夫把雨衣披在列宁的身上,两人悄然隐匿在工人群众的海洋之中。

7月19日,临时政府颁布了通缉列宁和其他布尔什维克受审的命令,在士官生内部还有高额悬赏列宁脑袋的阴谋。彼得格勒布尔什维克委员会住地——克舍辛斯卡娅宫被特地从前线调回的反动军队强占。

许多工人被逮捕。

"不能容忍损害党的声誉!不能容忍破坏革命!不能容忍……"列宁一时被中央强制隐匿在工人当中,他极度焦躁不安,恨不得立刻冲进法庭去,与敌人展开针锋相对的斗争,彻底戳破敌人的阴谋。光明磊落,以党的利益为第一生命的列宁,决定出庭受审。他知道出庭是非常危险的,但他已做好了献身的准备,列宁给加米涅夫写上这样一张纸条:

> 请不要告诉别人,要是有人谋杀了我,就请你出版我的笔记:"马克思主义论国家"(还存在斯德哥尔摩)。笔记本封面是蓝色的,装订过。我把马克思和恩格斯著作的一切摘录,都收在里面,并且作了批语、评注,下了定义。我想,如果要出版,一星期时间就够了。这件事很重要。因为不仅普列汉诺夫,而且连考茨基也搞得混乱不堪。不过先要讲好,这一切绝对不要告诉别人!

列宁把自己决定出庭受审的事也已通知了党内其他同志,他一把拥抱了妻子:"我们来告别吧!也许我们再也不能见

列宁传

面了……"

党的其他一些领导坚决反对列宁出庭。事实很清楚,临时政府的开庭完全是骗局,只不过是以开庭受审好引诱列宁这个法庭上的硬汉子出面,如果列宁出庭一定会被害死,反革命士官生甚至等不及拖他到监狱就会在路上把他杀死。

这时,列宁也自然想到了妈妈。妈妈是个坚强的女性,什么时候都能克制自己。当年警察司长凶恶地对她说:"你可以为你的孩子骄傲:一个被绞死,另一个也要套上绞索。"妈妈却站起来十分庄重严肃地回答:"是的!我为自己的孩子骄傲!"记得在年少时,自己的革命活动频繁过于天真露头,不注意保护自己,一时间还竟然高兴得抽起烟来,妈妈语重心长地说:"要立大志成大业,首先要会保护自己,人是革命的本钱。"

个人生命虽小,革命成功重大。列宁听了大家的规劝,只好执行中央委员会的决定,答应不出庭受审,并立即离开彼得格勒。

同志们已为列宁做好出走的准备工作,负责隐匿列宁的阿利路耶夫拟定了列宁到火车站去的行动路线。列宁自己要了一册彼得格勒的地图,也亲自审定了计划线路,他剃了下须,修剪了上髭,换了衣服。

7月24日晚上,彼得格勒的大街小巷,两人一对一对地行动,护送一个"芬兰农民"平安进入火车站。斯大林站在月台上,装作和列宁完全不相识的样子,目送列宁离开了彼得格勒。

列宁乘车到达了拉兹里夫。开始是在车站附近的一个老革命工人的干草棚子里住下,后来又搬到更安全的湖那边的草地上。

这是一片满是森林和沼泽的荒蛮地区。附近没有村落,走起来有一大段路程。去的人必须熟悉道路才能避过泥潭。其中有一段路是必须坐船的,工人们常常利用这种地方来藏匿他们的同

志,贮藏枪支、弹药和违禁书刊。他们把列宁带到湖边远的一面,在那里造了一间茅屋,铺上稻草,门口放了些镰刀、犁耙、斧头之类的农具,让人家觉得是芬兰的割草人住在这里面。

列宁在这里利用在瑞士写的《马克思主义论国家》的研究基础,写作《国家与革命》,还不时为看望他的同志们向中央传达怎样度过危机的一些重要指示。

秋天到了,天气渐渐冷起来,列宁由一个做车工的革命同志帮助在谢斯特罗列茨克工厂获得一个工人的护照,到了赫尔辛福斯。

在赫尔辛福斯,他先被隐匿在当地的一个警察局长家里。警察局长罗维奥是一个革命地下工作者,他的家属又在农村,给列宁的隐居提供了很多的方便。列宁的邮件不通过政府邮局,经罗维奥安排介绍,直接通过火车上的一个同志与中央接头处往返联系。在这里,彼得格勒委员会委员绍特曼多次秘密来到警察局长家中,还为列宁直接保持同中央联系。克鲁普斯卡娅也凭列宁信中的路线图来看过丈夫两次,工作的需要,列宁又被罗维奥护送到一个没有子女的火车司机家中隐居,他同火车司机老两口一直同桌吃饭。

随着斗争形势的紧迫,列宁为扩大党的影响,在这个"安全港"再也待不住了,他要更了解"七月事变",更接近彼得格勒,方便指挥中央委员会的工作,他对这位警察局长房东说:"我想回彼得格勒的维堡区去住。"

"那里太近了,很危险!"警察局长说。

后来,列宁想了一个办法。警察局长同他一块去理发馆购买了一套淡黄夹白色的花甲老人的假发,并搞来描眉毛的油彩和身份证,这位警察局长又通过议员胡顿的帮助,亲自护送列宁到彼得格勒的维堡区住下。

追捕情况紧急,中央又要列宁离开维堡去芬兰。

列宁只好又戴着假发和假护照上了路。

在去车站的路上,列宁和护送他的同志迷了路。当他们最后赶到车站时,发现站里挤满了武装队伍和士官生警察。列宁一闪身躲进了铁路旁的树丛里,待火车停站,他趁黑登上一节车厢。终于平安到达乌达利纳亚。列宁在这里的一个事先约定的地方住宿一夜,同他的亲密战友们聚会一场。"花甲老人"追述脱险的场面时开怀大笑,同时也批评了负责准备工作的人过于仓促,连一份行动路线的地图和时间表也没准备到手。

第二天,列宁被安排在一个火车头上扮作司炉的火夫,用上了斯大林1912年偷出国境看望列宁时的办法。

列宁卷起袖子,把木头一块又一块地送进火炉。在途经边境的白岛车站时,列车停20分钟,听候严密检查证件。司机雅拉瓦为了避免检查,等车子一停站,就把车头从列车上甩开,开到旁边的轨道上,装作去加水的样子,直到第三遍铃声快要敲响,他才开过来,挂上车身,立刻开走。

几分钟后,列宁安全进入芬兰。克伦斯基政府的警察对他已无可奈何。

列宁隐蔽在芬兰维波尔格的工人家里。一天,他手上拿一份新到的俄国报纸,脸上露出鄙夷的神情。他把一篇文章的内容翻译给房主夫妇听,那篇文章肯定地说,列宁躲在彼得格勒,侦探已经找到他的下落。文章最后有这么一句:"列宁即日即可拿获。"列宁读到这一句,意味深长地笑了,只见他调皮地眯起眼睛,讥讽地说:"真可惜,真替列宁难过。多糟糕!"说罢,便回到他的房间,继续写他的《国家与革命》。

列宁指示党的第7次代表大会应如期召开,不要因他而受影响。列宁为大会准备了《关于政治形势》的提纲,列宁的《论口号》

《革命的教训》等文章成为代表大会的决议基础。大会确定了准备武装起义的方针。

同时,列宁也在隐居地开始了草拟武装起义的详细计划。

反革命势力也在巩固自己。克伦斯基在参谋本部、立宪民主党人和反革命军官手里不过是一个傀儡。科尔尼洛夫将军正在积极准备发动复辟政变,经临时政府同意,他把一个军团、哥萨克骑兵队和"野蛮师"都调进了彼得格勒。

革命正处于危急的阶段,在布尔什维克的号召下,工人和劳动人民群众组织了赤卫队。陆军和海军的一些响应布尔什维克的部队也做好了保护革命的准备。

沙皇将军的复辟政变未能得逞,布尔什维克逮捕了科尔尼洛夫将军。

叛乱又向广大群众清楚地表明:列宁对临时政府是在为沙皇将军们清除道路的揭露是何等正确;在民众面前对立宪党和反革命将军串通一气妄图恢复帝制是一个大曝光。

列宁在隐蔽的地方时刻注意事变的每一个过程,与中央保持密切的联系,指挥党并且已在考虑无产阶级夺取政权后必须所要通过的有效途径。

列宁在《国家与革命》中指出,无产阶级不能利用资产阶级的国家机关来完成无产阶级的任务。它必须摧毁资产阶级国家机器。无产阶级夺取政权后应该建立一个专政:就是这样一个不和任何人分享,而是直接建立在群众武装力量上的政权。无产阶级专政将帮助无产阶级去粉碎剥削者的抵抗,并引导人民大众,首先是农民,来建设社会主义社会。

列宁在黎明前的黑暗里又为民众点亮了一盏明灯:革命胜利的前夜,立即组织起来,武装起来,进行无产阶级专政!

第四章 建成第一个社会主义国家

十月革命

工人的待遇要求不答复,
农民夺回土地遭政府讨伐,
前线恢复死刑,
……
铁路运输停顿,
城市发生粮荒,
失业人数剧增,
军心离散,
不满情绪暴涨,
议会选举拥护革命者居多,
民众赤卫军部队一天天扩大,
……

1917年9月12—14日(注:1917年以后的时间全为俄历),列宁给中央委员会、彼得格勒委员会和莫斯科委员会发出《布尔什维克必须夺取政权》的信。信中指出:

> 布尔什维克既然在两个首都的工兵代表苏维埃中取得多数,就能够而且必须夺取政权……多数人民是拥护我们的……毫无疑问,我们一定能取得胜利。

同时还单独给中央委员会发出《马克思主义和起义》的信。信中指出:

> 革命的全部领导力量必须集中在工厂和兵营里,那里才是

我们活动的中心,那里才是挽救革命的力量的源泉。

列宁还草拟了关于起义的详细计划,起义队伍的参谋部必须立刻组织起来,力量必须加以分配,可靠的队伍必须安置在最重要的战略据点,彼得格勒必须占领,参谋本部和政府人物必须逮捕,工人必须更广泛动员起来,电报局和电话局、无线电台必须占领……领导人要深入到工厂和士兵中去,起义时间决不能迟延……

加米涅夫和托洛茨基不同意对资产阶级的进攻,认为没有必要组织起义或应等待苏维埃代表大会的闭幕,他们极力反对列宁。

列宁得知加米涅夫等人公然反对武装起义,拖延时间,心里非常气愤。他在维波尔格的秘密住宅中坐立不安,推开窗户,对着彼得格勒上空堆积的那片沉甸甸的乌云,来回踱步匆匆,插进坎肩的手握成拳头,愤慨地指责:"……十足的白痴!彻底的背叛!"

列宁又伸手拍拍自己的头顶,支撑着宽阔的额头,镇定自己,坐下来,又向同志们耐心分析:"假如在彼得格勒、莫斯科以及波罗的海舰队同时来一个突然的攻击,那么胜利是可以保证的。工人、士兵和农民是站在我们一方的,我们有武装工人和士兵在我们这边。孟什维克和社会革命党人则是完全没有组织的……"

正在这十万火急的日子里,列宁又赶写一本小册子:《布尔什维克能保持国家政权吗?》。列宁说:

一旦一个最普通的粗工,任何一个失业者,每一个厨妇,随便哪一个破产农民都看到,不是从报纸上而是亲自看到:无产阶级政权不但不向财富卑躬屈膝,反而帮助贫农;这个政权敢于采取革命措施;这个政权把寄生虫的多余食品拿来交给饥民;这个政权用强制办法把无家可归的人搬进富人的住宅；这个政权强迫富人出牛奶钱，可是在所有贫苦人家的儿童没有得到足够的牛奶供应以前，一滴牛奶也不给他们；土地交给了劳动者，工厂和银行已处在工人的监督之下；百万富翁隐匿财产的行为立刻受到了严厉惩罚。一旦贫民看到这一切并且感觉到这一切，那时候任何资本家和富农的力量，任何拥有数千亿的世界财政资本的力量也战胜不了人民革命，相反地，人民革命将战胜整个世界，因为在所有的国家里，社会主义革命正在成熟。

10月3—7日，列宁又向中央委员会、莫斯科委员会和彼得格勒委员会建议立即发动起义。他说："……拖延简直等于犯罪……布尔什维克没有权利等待苏维埃代表大会，他们应当立刻夺取政权。等待就是犯罪，胜利有把握了，而且十有八九可以不流血……等待就是对革命犯罪。"

列宁在近日的一封信里阐明了起义的方法和原则。他主张三支主力——工人、海军和陆军——配合起来，首先占领无线电台、电报局、电话局、火车站和桥梁。那些最坚决的分子——突击队员、青年工人和优秀水兵——也应当分成小部队，去占领最重要的据点，最优秀的队伍必须派遣去占领敌人的中枢机关。"宁可全体牺牲，决不放过敌人"，这句话是他们的口号。

结尾处他重申："俄国革命和全世界革命的成功，都取决于这两三天的斗争！"

临时政府的头目克伦斯基已经预感到自己的位置越来越不稳，他也正在谋划：把"可靠的"哥萨克军队调到彼得格勒，而把那些"被布尔什维克沾染了的"部队调离彼得格勒，派上前线；组织反革命的妇女部队增援军事力量……

这时的克伦斯基似乎也意识到无产阶级和农民大军的重要性，可又只能是"急时抱佛脚"了。布尔什维克在工人和劳动农民

列宁传

中的力量早已无法估量!

10月24日,列宁通过他身边的工作人员伏契耶娃连夜发出指示信,并一再叮嘱:"请务必将信急转克鲁普斯卡娅立即交党中央!"

列宁那匆匆流畅又力透纸背的指示信很快送到中央:

> 无论如何必须在今晚逮捕政府人员,解除士官生的武装(如果他们抵抗,就消灭他们)。
>
> 不能等待了!等待会丧失一切!……一定要在今晚解决问题……
>
> 政府正在动摇,必须不惜任何代价彻底击溃它!
>
> 拖延发动等于死亡!

布尔什维克党中央所在地斯莫尔尼宫的起义指挥中心响起急促的脚步声……

这时的列宁,在彼得格勒却仍然处在严格的保密状态之中,他被安排住在维堡区的一个特别准备的住宅里,除他身边的人以外很少有人知道他的行踪、住房,这是中央为了保证布尔什维克党的这颗"心脏"绝对安全而采取的必要措施。列宁的公民身份证上登记着假名字,胡须刮得光光的,依然戴着假发,全靠夫人克鲁普斯卡娅和伏契耶娃、拉希亚三人沟通他和中央委员会的联系。

在这战斗即将打响的重要时刻,列宁这只勇猛的山鹰被困在"保险柜"里,心里有多苦闷、多焦急啊……

"把斯大林找来,我要立即到指挥前线去!"

列宁又想,正在紧急行动之中,这时要通知斯大林来是困难的,即使很快通知,午夜之前也是很难赶来的。

"我要到斯莫尔尼宫去!"列宁不顾个人的安危,当机立断。

等伏契耶娃把中央的复信带回秘密住宅时,列宁已经不见了,住房里只发现他留下的一张便条:"我走了,到您不愿意我去的地方了。再见!"

这下可急坏了伏契耶娃,中央考虑到列宁的生命安全,已复信不允许他到武装起义的指挥中心去……

列宁却在没有作保卫布置的情况下,自己略略画了眉毛,换了衣服,脸上绑了绷带,戴上一顶破帽子,扑进夜空。

在到斯莫尔尼宫去的路上,列宁不得不通过好几处岗哨,并且侥幸地逃过了士官生的一个巡逻队。

没有适当的出入证明或证件,进斯莫尔尼宫时也遇到了困难。

"站住!"

"我是列宁。要见斯大林。"

"你怎么没有革命军事委员会的证件?"

"我见过列宁,你怎么不像他?"

这时,列宁才意识到应该撕下绷带,脱下假发。

大家立时大吃一惊,慌了手脚。

10月25日早晨,起义军按照列宁的计划午夜开始起义,占领了电话局、电报局、无线电台、涅瓦河桥、火车站及大部分的政府机关。武装起义全胜定夺在即!

上午10点多钟,无线电台、电话、电报……以革命军事委员会的名义向全国发表列宁亲笔撰写的第一篇宣言——《告俄国公民书》:

告俄国公民!

临时政府被推翻了。国家政权已经转到彼得格勒工兵代表苏维埃的机关——领导彼得格勒无产阶级和卫戍部队

列宁传

的革命军事委员会手中。人民委员会为之奋斗的事业就是：立刻建立民主的和平，废除地主的土地所有制，工人监督生产，成立苏维埃政府。这个事业已经有了保证。

工人、士兵和农民的革命万岁！

彼得格勒工兵代表苏维埃革命军事委员会

1917年10月25日上午10时

临时政府所在地冬宫尚未攻下。下午，城里的战斗还在紧张进行。

革命非常时期的日子里，全俄工兵代表苏维埃第二次代表大会也于25日晚上在斯莫尔尼宫正式开幕。

列宁在大会上慷慨激昂地发表演说，全场爆发出一阵阵暴风雨般的欢呼声。

斯大林正在全神贯注各起义战场的动态，正指挥着各赤卫军部队和其他革命武装力量在枪林弹雨中奋勇冲杀——

这时，在神奇的斯莫尔尼宫，大会上的演说和掌声，指挥部里的命令，就像一位巨人的一双神臂，摧枯拉朽，势不可当——

"革命已经完成了，这个革命将建立苏维埃政府，建立无产阶级专政……从此，开始了俄国历史的新时代！"列宁简短而激动人心的演说结束后，来自全国各地方的650名代表中的400名布尔什维克代表都立刻奔赴彼得格勒各战场，分布到各区、各工厂作坊奋勇参加起义军队伍，用自己正沸腾的热血捍卫布尔什维克的革命战争，染红布满硝烟、弹孔的战旗……

"轰隆——"10月25日（公历11月7日）晚上10点45分，斯大林按照列宁的起义计划，指挥参加革命的海军舰队开始向临时政府驻地发起总攻，"阿芙乐尔"号巡洋舰向临时政府所在地冬宫发出第一炮。

"轰——隆——"声声炮响,地动山摇,震寰宇,泣鬼神……

士兵代表赶来向大会报告:克伦斯基调来镇压彼得格勒的军队已全部转到革命方面来了!

当天深夜,攻克冬宫。临时政府官员被逮捕的消息也传到了苏维埃代表大会。

"革命胜利了!"

"工人、士兵、农民革命万岁!"

"社会主义革命万岁!"

"列宁万岁!"

……

大会会场一片欢腾,冬宫上空红旗飘飘的主战场一片欢腾,人民一片欢腾……

彼得格勒的夜空如同白昼!

不眠的夜

"十月革命"成功了。25日深夜,临时政府被彻底推翻。

苏维埃代表大会今日的晚间大会上群情激荡,当列宁出现在大会会场时欢呼声潮水般此起彼伏,经久不息——

"列宁万岁!"

"社会主义革命万岁!"

……

在列宁的领导下,俄国无产阶级革命胜利了,劳动人民开始当家作主,开创了世界无产阶级管理政治的新纪元。会场上这雷鸣般的掌声、欢呼声是从代表们的心里发出来的,它代表着全俄国甚至全世界劳动人民的共同心声。

列宁传

面对这经久沸腾的场面,列宁长时间没法子说话,几次用手势招呼大家停下来——

"静一静,大家静一静!"

"你们要开始静下来,好好行使人民的权力,开始管理好你们自己的国家。静一静——"

"……请记住,现在是你们自己管理国家,如果你们不团结起来,不把国家的一切事务掌握在自己手里,谁也帮不了你们。你们的苏维埃今后就是国家政权机关,即拥有全权的决策机关,在自己的苏维埃周围团结起来!"

欢呼的潮汐平息下来,代表们认真听列宁讲话,按照大会的议程行使权力,通过决议成立人类历史上第一个工农苏维埃政府——人民委员会,选举列宁担任中央委员会主席。

列宁被劝回到斯莫尔尼宫的住宅休息,当晚的代表会议按议程持续到凌晨。

斯莫尔尼宫原是斯莫尔尼学院,列宁的住宅是安排在楼下一间原学院的高级太太的房间,用板壁隔开成两间,走进这个房间必须穿过一间有着许多龙头的盥洗室,以前,这里是供贵族女子中学的学生用的,外间有一张不大的写字台、一张小沙发、两把椅子。板壁里间放着列宁和克鲁普斯卡娅的两张普通的单人铁床、两只床头柜、一张橱,这就是"家里的"全部摆设。

列宁住宅的灯光又是通宵长明。会后,他心里异常激动。

革命成功了,已真正成为全俄的统帅,全俄最高的职位,最大的官。可千万注意,不管官当得有多大,"万岁"喊得怎么地响,是人民的主席,是新一代人民政府的领导人,仍然是人民的勤务员,是为大多数人谋福利的服务员,是劳动人民的服务员。不能让丝毫的帝王习气玷污自己,也不能摆"人民领袖"的架子,还是当年革命时的"沃洛嘉""老头子"……

列宁一个人伏在写字台上想了许多,心潮浪滚千重,身上一阵阵发热。他干脆把秋大衣从肩上奔拉下来反挂在座椅的背上,左手支撑起宽阔的额头……

今夜10点多,那巡洋舰摧毁冬宫的炮声,也似乎把九泉之下的哥哥震醒了。那是1887年,哥哥为推翻沙皇专制统治,捣毁皇宫,暗杀亚历山大三世,他就是担负着准备炸弹这一最危险而且最重要的任务。可是,哥哥未能听到炸弹的爆炸声就不幸被捕绞死……1887—1917年,整整30年了,哥哥的血肉和无数志士为革命英勇牺牲的热血震撼着一个心灵:

"我不哭,我要给哥哥报仇!"

"沙皇亚历山大二世及一些政府官员不是也被暗杀了吗,可新的统治者对劳动人民摧残得更凶,革命依然没能成功!"

"不,我不能走这条路,我要走的不是这样的路……"

于是,列宁选择了无产阶级革命导师马克思、恩格斯所指引的革命道路,人民才真正取得了革命的胜利……30年,哥哥等待了30年,才听到你的弟弟点燃你生前准备的那些没有爆炸的弹药在冬宫爆炸了!30年对人生来说是漫长的,熬过了坐牢、流放、捕杀、流亡国外、车祸、陷冰河以及同敌人和过去的同志乃至朋友更频繁的思想斗争……苦苦搏击的30年,占去了人生的一大半。可是它对整个人类社会的发展来说,却是非常短暂的一瞬间……

哥哥这时不知和全国人民一样又是怎么高兴!总算听到了这声30年以后的炮响。"三十而立"嘛,也应该是这个时期了……

列宁又想到了自己30周岁生日的那个红霞满天的早晨,同妈妈和姊妹们坐在自由自在的一叶小舟上,欣赏那个鲜艳的红色的世界,憧憬那美好的未来……

妈妈,这一天,是否就是今天、明天……儿子"立业"了吗?假如你还等儿子几个月的话,活到今天、今夜,你肯定会弹起你的那

架一直保留下来的心爱的钢琴⋯⋯

爸爸离世时还非常担心沃洛嘉今后的社会实际工作能力,这也不知道是不是一次实际能力课的考试?是否可以"在爸爸的书房前向爸爸汇报一个5分"?⋯⋯

"不,三十而立早过了,又过去了17年,今年47岁了,我还没有真正立起来!⋯⋯"

武装起义胜利,革命的成功,还只是走出"立"的第一步,无产阶级专政和建设社会主义国家,解放全人类,实现理想的共产主义社会,作为一个布尔什维克人,一个共产党人,这不仅仅是刚刚起步,眼下的这一步还没有真正立稳当呢!

⋯⋯夜深泛凉,隐约传来远处的枪炮声和欢呼声。列宁忙把大衣披上,又穿上,挪近稿纸,伏身写字台上,刷刷刷刷地写起来⋯⋯

《告工人、士兵、农民书》⋯⋯

《和平法令》⋯⋯

《土地法令》⋯⋯

"这是脱稿的,请立即送交大会讨论通过,并于明天在各报刊、电台发表!"列宁吩咐身边的工作人员一句,又伏案写了起来:

《关于工人监督生产的法令》⋯⋯

《关于一切原料、食品的储藏、购买、出售的法令》⋯⋯

列宁几天没有合眼了,也不知他这几天吃进东西没有,他的肚子里在翻江倒海。当他看到窗外露出了曙光,迎来了黎明,困倦的脸上露出一丝笑意。这时,他才忽然觉得肚子饿了,起身从厨房里找东西吃,发现里面剩下一块已干得裂了皮的黑面包,他拿起来,一把往嘴里塞,又伏在写字台上⋯⋯

清晨,在列宁住房工作的士兵热尔蒂舍夫,推开了列宁亮着灯光的房门——

"主席,你吃点什么?"

没有回答。列宁平常不喜欢身边人这么称他。

"列宁同志!"

仍然没有回答。

走近一看,只见写字台上的罩盒灯亮着,厅灯是熄灭的,列宁正在写字台上粗粗地喘气,眼睛沉沉地闭合着,手里拿着一支铅笔,还立在稿子上,他睡着了,嘴里衔着面包睡着了。

工厂里出现形迹可疑的人

25日深夜,当赤卫队逮捕临时政府人员时发现,克伦斯基逃跑了。

逃往国外的克伦斯基,于10月27日率沙俄将军克拉斯诺夫的匪徒卷土重来,向彼得格勒进犯,与此同时,克伦斯基的忠实走狗——一批亡命之徒从前线往卢加、红村等地窜动。

列宁号召紧急行动起来,保卫彼得格勒。

革命军事委员会迅速组织战斗以反击克伦斯基。普梯洛夫厂的工人没等彼得格勒发出总动员令就自觉组织了赤卫队,直接从工厂出发,有的乘火车,有的步行到西方战线,到红村、到塔伊查、到卢加,抗击反革命军。

这期间,普梯洛夫军工厂进入特级警备戒严。

10月30日午夜1点多,工厂门前急匆匆驶来一辆吉普车,吉普车上走下两个人来。

"我们是人民委员会的,有急事,要进工厂去了解情况。"

列宁传

"通行证?"

"我们是顺便到工厂的。"

"对不起,没有工厂的通行证,又没有接到厂里的通知,任何人不得进工厂!"

"这样吧,你们用武器押着我们到工厂委员会去吧!"这是矮个人发出的铿锵的嗓音。

于是,小车被阻在厂门外,这两个形迹可疑的人被带到了工厂委员会。

刚带一支队伍到卢加附近抗击反革命武装的工人正和奥戈罗德尼科夫同在厂委会办公室值班。院子又湿又冷,半夜里肚子也饿了,他们俩一边攀谈着前线打仗的事,一边用军用饭盒在炉子上煮土豆吃,边谈边吃。

突然,办公室外间带进来两个形迹可疑的人。一个身穿皮上衣、皮裤,脚上穿的是俄国式的靴子,腰间挎着一支手枪;另一个中等偏矮的个子,穿的是秋大衣,头戴鸭舌帽。

当在场的人在灯光下发现原来这两个"形迹可疑"的人是列宁等,大家都慌了手脚。

"对不起,主席。"

"很好!这时候,警惕性对我们来说是绝对必要的!"列宁安慰、表扬了门卫。

列宁来这里之前召集了波罗的海舰队的代表到斯莫尔尼宫来,缜密地规定了哪些船只可以用来保卫彼得格勒,它们应该停泊在什么位置。列宁要舰队指挥员在图上指着船只的位置给他看,并标明沿岸的哪些地方在船上发炮可以打到。他亲自发出关于海军应如何参加保卫活动的指示,他命令把喀琅施塔得的海军再调一队来参加彼得格勒保卫战争……

列宁在来工厂之前,在斯莫尔尼宫又召集了一些工厂代表,他了解了各工厂在保卫战争中做些什么事,个人参加保卫工作的情况如何,动员所有工人参战并向工厂发出了关于工人给养的一些指示。

有些工厂在总动员之前就提前自觉组织赤卫队开赴了抗战前线,未能赶到斯莫尔尼宫指挥部去。于是,列宁从前线回来时顺便赶到普梯洛夫工厂了解情况来了。

"投入保卫战的装甲车进展情况如何?什么时候出厂?"

"工厂里有多少工人上了前线?"

"装备好不好?打仗行不行?有没有惊慌不安的情况?"

"革命胜利后厂里情绪怎样?"

"工人对夺取政权有什么反应?"

"厂里孟什维克和社会革命党人表现如何?"

"粮食情况怎样?"

"厂里燃料足不足?"

刚从卢加附近的前线回来取大炮瞄准镜和其他军械的工人达尼洛夫,向列宁介绍了前线的情况:"……在卢加的丛林里我们遏制了克伦斯基匪军,我们暗中向他们开枪射击,打得他们老鼠似的逃跑了。"说到这里,达尼洛夫见列宁笑了,笑得亲切,并过来和蔼地拍拍达尼洛夫宽厚的肩膀以示满意和赞许。

"我们预料到还会同在加特契纳的克伦斯基匪军干起来,指挥员赶紧派我到工厂来取不够用的大炮瞄准镜和野战联络用的电话线和电话机,明天送到。"

"这些已准备得如何?"列宁关切地问。

"同志们正在设法准备着。"奥戈罗德尼科夫回答。

"不会有问题吧?"

"不会!"

奥戈罗德尼科夫又向列宁一一汇报了情况:厂里情绪很好,

列宁传

大多数人已奔赴前线。武器足够了,还组织了后备补充队伍,用运煤的普尔门式车和厂里现存的特种钢制造了一辆相当好的装甲列车。

值班炉上的土豆煮得烂熟了。

"列宁,也许您想吃点什么吧?"值班的说。

"好吧。"列宁指着炉上的军用饭盒,弯下腰动手端起来,"土豆熟了,一块来吃吧。"

列宁吃了工人们吃剩的土豆又吃面包,他还从工人的茶杯里倒出一杯茶喝了,喝得好香。显然,他是忙得够饿了。

当工人问他从哪里来又到哪里去,厂里派支武装队伍护送他回彼得格勒……

列宁爽朗地笑了。原来他是从红村前线来,又一阵风地向弹光闪闪的夜空扑去。

斯莫尔尼宫的笑声

苏维埃政权的初期,领导机关都集中在斯莫尔尼宫,这里成了俄国无产阶级专政的政治、军事营垒。在"十月革命"后不久的动荡不安的岁月里,反革命还几次纠集向这里发起进攻。

宫内拉福广场安置大炮,台阶上排满机枪。

人民委员会办公大楼入口处两根圆柱中间又架着两门三英寸口径的大炮,两侧也排列着机枪。

动荡不安的日子里,列宁秘书处的窗下也架了两挺机枪,列宁办公室的门口还安排了警卫。机枪大炮都有专门机手值班。黑洞洞的枪炮口像只只恐怖的眼睛盯住周围,给整个斯莫尔尼宫笼罩着严肃、紧张的氛围。

人民委员会主席列宁的办公室先是在三楼右侧拐角处67号房间，后列宁提议搬到三楼的左侧拐弯处。左侧的办公室有三扇窗户，一扇面对斯莫尔尼宫的正门，另两扇面对拉福广场。

"这里视野开阔，又居左侧，也可提醒提醒我，随时保护劳动人民的利益嘛！"列宁刚搬来左侧办公室时对工作人员幽默地说，那爽朗的笑声飘出室外，总不免要感染其他紧张工作的同志，甚至那些铁面的岗哨，笑声经过之处无不使人也会心地发笑，就像在炽热的油锅里放进了一把盐，为肃穆、紧张的氛围注入欢快和生机……

列宁的会客室是一间宽敞的外间。会客室用两张高背沙发隔成了两部分。小书桌旁坐着一个秘书，询问每个来访者的目的；周围是一些普通的椅子和一张桌子。里面隔墙就是列宁的书房，书房大约藏有2000册书，书架上有马克思、恩格斯、列宁、普列汉诺夫、卢森堡等人的书籍，也有政论家和革命民主主义者拉吉舍夫、别林斯基、车尔尼雪夫斯基等人的文集和一些百科辞典。整整两个书柜的俄国文学作品，有托尔斯泰、果戈理、屠格涅夫、契诃夫、高尔基的作品。这是列宁最富有的一间房子。再过去就是列宁的办公室。

列宁的办公室内有一张他专用的办公桌，一张普通的维也纳式的硬圈椅，房间内还有一个用半截子隔板隔成的小间，小间内的板壁上安装了一个不大的电话总机，旁边是制管工厂和普梯洛夫兵工厂的两个工厂赤卫队员，他们也是列宁的警卫。

1917年12月前的人民委员会几乎每天一次在列宁的会客室召开，以后才有专门的红色会议厅。

列宁的办公室和住宅都被他整理得井然有序，连办公桌上的文具用品也摆得整齐，甚至在革命刚成功的动荡不安的日子里这里也是忙而不乱的。

 列宁传

工人、农民、赤卫军、政府的人员每天在这里川流不息,列宁给办公厅立了个制度:每个取得进入斯莫尔尼宫通行证的来访者,可自由地在他的办公室讲述自己的要求和申诉不满。由于各种各样的事都从四面八方汇集到办公厅来,人民委员会的一次会议一般要解决20多个问题,多的达40多个问题,因此办公厅从最初的四五人到1917年12月增加到23个工作人员。

初期,列宁规定中央委员会委员和办公室的人员每月工资一般都是500卢布,家里少劳动力和有困难的同志可酌情加100卢布不等。列宁的秘书每月发550卢布,办公厅的主任发700卢布,列宁自己却只发500卢布。身边的工作人员见列宁的工资比自己还低,不好意思去领。

列宁向他们解释:"你们上有老人,家里又有困难,怎么能不领呢?"他又摇着头说,"不要与我比,我的爸爸妈妈都到阴曹地府领工资去了,生怕我养不起他们。不能与我比。"列宁一阵爽朗的笑声,工作人员才觉得轻松许多,才肯在工资表里签上自己的名字。

列宁一般晚上接见工人,白天接见农民。他说工人多在城里方便些,农民进一趟城来不容易,尽可能地让他们早点赶回家。

一个午夜,列宁接见普梯洛夫工厂的代表团,列宁嫌他们汇报工厂里令人满意的情况太多了,于是用笑声打断他们的汇报。

"工厂收回国有,你们厂里的工人抢东西、偷东西吗?"列宁突然问。

"发生了个别的偷窃现象。"停了一会儿,一个代表才作回答。

"要说实话。出现这种现象要做工作,无论如何要消除这种情况,塑造工人阶级的形象要紧。"列宁说得既轻松又严肃。

又一个午夜,列宁接见一个冶金厂的几个工人代表。

工人走进会客厅时,见列宁还未来,大家都站着。当列宁出

现在他们面前时,都显得很腼腆,列宁见状连忙对他们和蔼地笑了起来,说:"坐吧,坐吧,还不是像在家里一样。"他见工人还没坐下,就给他们搬过椅子,"坐下谈,站客难留啊!"

"不,不,主席,我们自己搬。"工人难为情地谢绝。

"你们当中谁是工厂工人委员会的主席?"列宁问。

"是我,拉谢切尼科夫。"

"嗯,就请你告诉我,拉谢切尼科夫同志,你们工厂里工人群众的情况怎样?你在他们当中有威信吗?工人信服你吗?"

……

宾主双方很随便地谈起来。

全国各地的农民代表常用"村社"募捐得来的钱赶来首都找列宁,要见这个"布尔什维克的要人",列宁有时在自己的办公室内,有时在秘书处一张不大的圆桌旁接待他们。

农民代表或受委托者随身带有村会的委托书,委托书上写明需要在彼得格勒找列宁本人解决问题,问题很多,各种各样。

"根据什么和怎样分配从地主那里没收的马匹、奶牛、财物?"

"从地主那里没收了木材和粮食,所卖得的钱应当怎样处理?"

"地主的家具能不能没收?"

"如果土地委员会拒绝执行土地法,县土地委员会应当怎么办?"

……

列宁注意倾听农民的意见,提出问题,而后对农民代表作指示,要求土地委员会立即将地主的土地收归委员会支配,保护现已成为全民财产的原属地主的产业。

11月4日,列宁接见一个农民代表团时得知"农民不肯相信全部政权属于苏维埃,他们还在期待政府,忘记了苏维埃已不是

私人机关,而是国家机关。"

第二天,列宁就赶写出一篇《答复农民的问题》,这个萨拉托夫谢尔多勃斯克农民代表团于这一天列宁接见时得到了第一份"答复"。农民代表离开时十分满意,他们高兴地说:"这才是我们真正的农民政权!"

一次,列宁在公用房间里一张不大的圆桌上接见农民,年长的农民总坚持要把靠正墙的"上席"让给列宁坐,列宁不肯坐,双方相让不下。

"你们是我的远方客人,你们坐。"

"你是我们的主席,人民的领袖,你坐。"

"布尔什维克和苏维埃政府是为你们服务的,这里是你们的勤务机关,我这领袖也是大家选出来的勤务员,你们是'领袖'的'上帝'。"

最后,列宁还是让那位"老农"坐了"上席"。

农民和列宁无所不谈,斯莫尔尼宫的正门传出农民一阵阵欢快的笑声。

这时,一个农民从背包里拿出一个大圆面包,郑重地递给列宁。

"面包,你这儿是需要的。""老农"说道。

列宁接到面包反倒在农民面前显出腼腆的窘态来。

"这是大礼物,够我吃一阵子了,可我还没有足够的时间来吃完这个面包呢!"列宁说着,笑了,笑得憨态可掬,笑出了眼泪。

列宁参加会议都是提前10—15分钟到会场,他不是那种姗姗来迟、等待那满堂的掌声才跨上讲台的领导人。列宁自己这样,他对别的委员们也要求很严。他坐在圆椅内,不时看着手表,如果在开会前人民委员会的委员们没有到齐,他很不满意:"人民委员会到哪儿去了?"

对此,1917年12月29日,人民委员会作出决定,参加人民委员会会议的迟到者必须罚款:迟到半小时内罚5个卢布,超过半小时罚10个卢布。

列宁规定在人民委员会作报告的人讲5分钟,而发言的人只能讲3分钟。这时,列宁的左手上总要拿着一块手表。

一次,一位人民委员会委员为了驳斥对方,先从对方的思想讲起,离题很远,正题的话还没讲,3分钟就到了。这时,列宁就像体育场上一位严肃的裁判员,毫不留情。

"对不起,你的时间没有了。"

"我才讲了对方的思想,我的想法还没谈呢。"

"毫无办法。"列宁摇了摇头说,大家哄堂大笑,他自己也随之哈哈大笑起来。

这位同志不得不重新登记第二次发言,待下次有机会轮到他时,才能谈出自己对对方有关事情的看法。

那爽朗的笑声还在斯莫尔尼宫上震荡、辐射着,快活、幽默又严肃……

"一秒钟也不行"

内战的枪声还在响着,党派的斗争如火如荼;世界大战中同交战国的和约还没有缔结,仗虽然不打了,军队还在前线。

前线的情报表明:军队没有了斗志,士兵一心只想回家,仗不能打下去了。工人、农民厌弃长期的战争,国民经济已完全崩溃了。

列宁镇定自若,用手捋了捋耳畔剩存的几绺零乱的越来越稀疏的头发,冷静地总结了革命胜利后10个星期所做的事情。布尔

什维克在10个星期里比临时政府在8个月所做的事多上千倍。他指出,在几个星期之内,我们已经取消地主的土地私有权、社会地位的区分和男女间的不平等。我们已经把宗教和国家分开,消除了民族的压迫,达成了协议,开始了和谈,同时,我们已经建立了工人对生产的管理,银行归于国有,摧毁了旧的国家机构。

在当时的情况下,面临一个极端严重的问题,就是如何把还在"襁褓"中喘息的新生的无产阶级专政的国家从帝国主义战争中抢救过来。这是个十分复杂的问题,需要解决许多尖锐的矛盾。

1918年1月中旬,无论苏维埃政府怎样三番五次地建议,英、法两国还是断然拒绝举行任何和谈。为了结束战争,复员军队,列宁主张尽快单独同德国议和,缔结和约。但是,中央委员会"左派共产主义者"集团,不顾一切地反对签订合约,主张继续战争。托洛茨基提出"不战不和"的主张。这时中央委员会的大多数赞成托洛茨基的立场:结束战争,军队复员,可不签订和约。

退是为了进。斯大林拥护列宁的主张,支持立即签订和约。

2月,同德国的和谈又在布列斯特开始了。

列宁明确表示:立刻缔结条约。

可是2月10日,苏维埃的和谈代表团却在托洛茨基、布哈林的主张下,向德国人宣称:苏维埃俄罗斯愿意结束战争,但不愿意签订和约。

正如列宁预料的,托洛茨基的策略果然坏了大事。几天以后,德国军事当局宣告停战期已过,接着,新的攻势开始了。

在接到停战期结束的通知后,列宁在中央委员会上主张,必须立即邀请德国进行新的和谈。斯大林和斯维尔德洛夫拥护他的主张,但是大多数人,如托洛茨基、布哈林、乌里茨基等,表示反对。

2月18日早晨,列宁在中央委员会的一次会上重新提出他的主张：一小时也不能迟延了，必须立即建议缔结和约。列宁依旧是少数。就在这些日子里，德军迅速向前推进的消息不断传来，德国人利用他们的突击队很快攻占了不少城市。当夜，中央委员会又举行了第二次会议。列宁坚决主张必须立刻向德国建议缔结和约。

"决不能同战争开玩笑……"列宁说，"德国人会立刻抢走一切东西。玩笑已经闹到这种走投无路的地步，如果继续采取中间路线的政策，革命就非失败不可。"

开战近一个星期了，在中央委员会2月23日的一次会议上，列宁的建议在严峻的现实面前才被大多数所采纳——立刻向德国发出停战缔结和约的电报。德国这时却提出了比以前要苛刻得多的新条件，并限定俄方要在48小时内予以答复。

当日，中央委员会又召集特别会议，列宁指出：无论条件多么苛刻，必须立刻接受。"我们现在不得不签订的和约无疑是一个可耻的和约，但是如果进行战争，我们的政府就会被推翻，而和约将由其他政府来签订。"没有别的选择，任何别的决定就等于宣布苏维埃政权的死刑。

从未有过的紧张气氛笼罩着整个红色会议厅。列宁怒气冲冲地在会议室踱来踱去，就像一只关在笼子里的巨狮，头顶上冒汗、发热，脸色却憋得苍白，只见他猛地停下，剑一般的目光扫视一下全场，然后斩钉截铁地说："我再也不能等待，一秒钟也不能等待了。这问题已经折腾够了，一秒钟也不行！"接着，他又用铿锵的声音宣布：假如那种玩弄"革命"辞藻喊"革命"的政策继续下去，他将退出政府和中央委员会后向全党呼吁，党是会拥护他的。

这时的"一秒钟也不行"是由坚决、果敢并充满愤怒的声音发出来的。就是在这种情况下，对革命极端负责的列宁迫不得已，这才发出他的最后通牒。

终于,这次特别会议上,列宁的建议在7票赞成、4票反对、4票弃权的情况下获得了通过。

3月3日,《布列斯特和约》的签订,苏维埃政权获得了喘息,避免了革命的失败。

克里姆林宫的枪声

苏维埃政权已在俄国中部及其工业中心如莫斯科、彼得格勒牢固地确立了自己的地位。地主、厂主、沙皇将军和官吏不承认工人阶级的胜利。帝国主义列强不甘心俄国共产主义战胜了地主和资产阶级,他们不承认苏维埃政府,一些"协约国"拒绝同苏维埃政府缔结和约。他们担心这把无产阶级革命的熊熊烈火,很快烧遍欧洲及其他各国。英国及法国还在俄国工业中投资了几十亿金卢布,他们更是不甘心抛掉。于是,国际帝国主义和俄国反动派勾结起来,不容许这个新生政府有更长的喘息机会,发动大规模的武装干涉和反革命叛乱,妄图把新生苏维埃政权"扼死在摇篮之中"。

3月底,奥匈帝国的军队占领了乌克兰和克里米亚。

4月初,日军在海参崴登陆。

5月25日,伏尔加河一带和西伯利亚铁路沿线的捷克军队发生了暴动。

各资产阶级政府以金钱、武器装备和顾问支持白匪将军们,白匪占领了库班、顿河地区、乌克兰的一部分和奥连堡。

6月,社会革命党人在彼得格勒暗杀了著名的布尔什维克沃洛达尔斯基。

7月初,右派社会革命党人正蓄谋将魔爪伸进克里姆林宫。

克里姆林宫,列宁正在苏维埃全国第5次代表大会上发言,提出解决粮食问题和扩建正规军的一些新举措……

"列宁,请你停一下,我要发表反对意见!"

"不允许列宁再胡言乱语!"

"列宁,滚下台来!"

……

左派社会革命党人在大会上起哄,几次阻挠列宁的发言,并发表疯狂的演说攻击布尔什维克,攻击列宁。

"不好,德国大使米尔巴赫被暗杀!"大会上传来消息。

列宁判断:这是为了重新挑起同德国的战争,是反对派向那些集合在莫斯科的左派社会革命党的武装部队发出的信号;莫斯科又驻扎了四万人的沙皇军官,这些人中也有秘密组织……危险!立即会有一场暴风雨来临,一场暴乱!

刹那间,莫斯科大街上传来凄厉的警笛声、枪弹声——

"捷尔任斯基被捕了!"

"莫斯科苏维埃主席密多维奇被捕了!"

"左派社会革命党人占领了电报局!"

"电报局正在向全国发出通电!"

……

可怕的消息向大会频频传来。敌人正里应外合,要攻占克里姆林宫,逮捕列宁,解散政府,灭顶之灾即将降临。

"红厅"里,会场一片混乱,代表们都意识到这时最严峻的一个问题——保护列宁!

列宁被所有布尔什维克代表簇拥着离开会场,回到他的办公室。

斯大林命令克里姆林宫的武装和卫队力量紧急行动起来。

列宁镇定自若,他一手插进坎肩的衣襟里,一手紧握电话耳

列宁传

机,向莫斯科和全国各地区发布命令……

莫斯科各区动员了所有党员,街上、主要交通要道、重要机关进入紧张巡逻和战斗状态,全国广大党员也开始行动起来与反动党团作斗争。

列宁命令:"立即逮捕参会的所有左派社会革命党人!"

庄严、肃穆的克里姆林宫响起了枪声,为首的一些人被逮捕,其余的冲出会场逃跑了。

在列宁的指挥下,当天平息了莫斯科、克里姆林宫的这场暴动。

全国的余波也很快平息。

左派社会革命党人妄想通过这次全国苏维埃代表会议的认可和拥护,摇身一变,实现他们政变的阴谋。然而,干净利索,当天破产。

列宁脸上露出了少有的欣慰。

多好的人民、多好的工农红军啊!这次反动派的暴动,又一次证实了苏维埃政府是人民的政府,是得民心的。虽然反动派当时占领了电报局并发出了通电,可居民和军队中没有任何响应,他们坚定地站在布尔什维克苏维埃政府一边,听从列宁的指挥,紧紧团结在"旗手"列宁的周围。

心战告捷

1918年11月7日,列宁在"十月革命"胜利周年纪念大会上发表演说。

列宁总结苏维埃共和国的第一个年头。这一年中,苏维埃政府从工人监督工业进入了工人管理工业,已经从农民要求土地的一般斗争转入了组织贫农反对富农的斗争,赤卫军分散的队伍已被强大的红军所代替。

就在列宁发表演说的第二天,莫斯科接到电报,革命已经在德国开始,苏维埃政府已在汉堡成立,巴伐利亚已经宣布为共和国,奥地利也开始了革命运动。

德帝国主义崩溃了。列宁在争取缔结布列斯特和约时所预料的情况,现在已经成为事实。

11月13日,全俄中央执行委员会通过法令,废除《布列斯特和约》,德国已宣布成为共和国。红军占领了列维里和明斯克。爱沙尼亚、立陶宛、拉脱维亚和白俄罗斯都宣布为苏维埃共和国了。

当天晚上,《真理报》赶排赶印中央人民委员会和中央执行委员会刚刚通过的《关于废除〈布列斯特和约〉的决议》。

第二天的《真理报》在显赫位置刊登了这个"决议",并及时发送到全国各地:"……《布列斯特和约》废除,苏维埃政府偿付德国赔款和割让领土的规定一概无效。"

早晨9点钟,秘书给列宁送来当日的《真理报》——列宁坐在办公桌旁的圈椅上,对着"决议"读出声来……

读着,读着,列宁在圈椅里半仰着,看着天花板,又让《真理报》盖住那苏格拉底式的额头——《真理报》下一双眼睛在流泪,是激动的泪花……

人生的路为何偏要这么坎坷不平地磨砺人和九曲迂回地捉弄人呢?……

心与心的沟通又总是那么地难,那么地扑朔迷离……你说是唯一的选择和必要的交易,他说你是投其所好,是特务,是间谍;你说退是为了进,屈是为了伸,他说你是卖国投降、屈辱、无能……只有"时间老人"是那么公正,可又是那么爱让人去捉迷藏,深藏一个个日夜交替着的神秘的"天机"……

列宁想到了同德国缔结和约时的艰难。几次在中央委员会议上提出来,赞成他的都只是少数,签订和约的事僵持着不能进行。道理说了千遍万遍——敌意的固然无条件地反对,善意的却善而不良。谬误说了百遍也会变成真理不无其立足的土壤,人家"革命"的调子打得老高,加上过去临时政府又诬告你,收受过德国政府200万法郎好处费,如此莫须有的东西等,纵然不是间谍,又是不是有其他什么私下的许诺、交易……于是,尽管你说千遍万遍,少数还是少数。同志呀,当时你的放任一时,却是生命和财产的巨额代价呀。无情的炮火在侵略者手里越发疯狂起来,前方思念父老子女的士兵们一个个倒在血泊里,一块块肥肉被侵略者掠夺……摇篮里的新生政权眼看就得窒息灭亡,无数工人、农民、革命士兵、进步学生的鲜血将付诸东流……

于是,列宁的头在冒汗,心在流血。他辞去主席职务,做一名党员,也不再等待,一秒钟也不行……如此最后通牒,才赢得相对的多数……

列宁清楚地预见到《布列斯特和约》绝不会持久,也不会实现,而且,德帝国主义的武力,近期内也不可避免地要在无产阶级革命中遭到失败。

可是,你尽管这么说,甚至说上千遍万遍,甚至用严格的精密的数字公式演算出来,因前嫌未释,加上那还是看不到的事情,还是一个凶吉未卜的未知数。

5月,苏维埃政府还刚刚搬来莫斯科不久后的一天,办公厅主任布鲁耶维奇将两本德国政府的印刷华丽、纸质极好、装帧精致的德俄两种文本的和约条款书呈送给列宁。

列宁拿起文本,扫了一眼,笑了笑说:"装帧得很好,印刷也很漂亮,但是不消6个月,这个漂亮的文本便不会起作用了。"

列宁说完又打量起身边的办公厅主任来,他剑一般的目光把人看得很透。连天天在列宁身边工作的同志,也难于确信他当时说的这句话……

11月13日的"决议"通过,宣布《布列斯特和约》废除,这不又正好是6个月吗?

今天,《布列斯特和约》废除了,4月23日会议上的那场"一秒钟也不行"的怒火大家不是很好理解了吗?

列宁的秘书安娜·彼得罗芙娜见列宁这么用报纸遮挡着视线在圈椅里仰卧着,估计他昨晚又是一个通宵,在瞌睡了,她轻轻将他办公室的门虚掩着,让他好好休息一下。

"安娜,别关门!"列宁突然高兴地跳了起来,唤回她,又吩咐道,"把窗子也打开,今天天气好,久雪初晴,亮'雪眼'了,你去通知玛丽娅和娜嘉(克鲁普斯卡娅),我们中午不休息,到后院的大树下打雪仗,你也去。"

列宁又习惯地用手捋了捋头发,从书架上找了一本厚厚的《马卡洛夫词典》,读了起来,读得有滋有味……桌上的电话响起,他才欠起身,并轻轻用办公桌上的一把小螺丝刀压在书页上……

被用枪对准太阳穴

圣诞节的前夕,1919年12月24日,莫斯科市郊的一所森林学校正在给孩子们布置新年松树,松树上已挂满了彩灯。孩子们天真的目光都盯住校门口,焦急地等一个人来开始举行节目——

"伯伯不来,我们就不唱歌……"

时间又过去半小时,人还是没有来。

这年冬天多雪,路上的积雪来不及清扫。房檐上秋天留下的冰柱已可以用手触摸得到,它们像钟乳石一样别致奇妙地一柱柱

列宁传

倒悬在房檐上、排水管上和墙壁上:样子虽然好,可不知它们什么时候会突然掉落下来伤害路人。很快,街上一片漆黑,连街灯也没有。频繁的战争,政府把一切可以弄到的东西都送上前线,城里商品奇缺,粮食没有保障,抢劫的现象在各地时有发生。

这时列宁等人乘坐的车子,行走在坑坑洼洼的街道上,车上的人在沉沉地思忖着节日前要抓紧做的事。

圣诞节前夕,道上行人很多,外面黑得伸手不见五指,汽车的灯光照得他们都遮挡着视线。

突然,前方离汽车很近的地方,有四个拿手枪的人,并喊:"停车!"

他们都穿着大衣,但没有步枪,巡逻队总是用步枪,一般是不掏手枪的。

"喂,我们可能碰上强盗啦。"司机对坐在一旁的副手说。

"是呀,不太像巡逻队。"司机副手说。

车子离前面持手枪的人只几步远,司机加大油门,直冲着他们过去,四人很快闪开,并在车子的后面大声喊道:"停车!停车!"

车子正下坡,车速更快了,车子后排的人听到了呼唤,敲着驾驶室的车窗子。司机却装着没听见,继续疾驶,后面的窗子却敲得更响,司机只好减速下来。

"应该停一下,问问他们要干什么。是不是过路的老百姓遇到了什么特殊困难要搭车,或是巡逻队的。"铿锵的男声对司机认真地说。

车子已被开到了一个僻静的地方,后面的人还穷追不舍,大喊大叫:"停车!不停车就开枪了!"

"你听,应该停车!"

车子勉强停下来。

166

四个人越来越近,这里离区苏维埃机关不远,也许是巡逻队,他们又这么想。

这时,朝汽车跑过来的人粗鲁地打开后车门,并粗鲁地吼叫:"出来!"

"同志们,怎么回事呀?"

"不许说话!出来!"说着,他们把后面的人抓了出来,两只手枪对着问话人的太阳穴。

他们也同时用手枪对准了司机的副手,并把他也拖出了车。

"你们干什么?你们竟然敢这样对待他?"玛丽娅赶紧下车出来质问他们。

"你们有什么事,快说!"已被用枪对准了太阳穴的人泰然自若地说,"我是列宁,别误会,这是证件。"

拦车的竟然忘记了司机,吉尔悄然拿出了手枪,左手瞄准了最近的一个要对列宁行凶的人——

森林学校的孩子们还在死死盯住校门口,终于开进了一部小车。

布鲁耶维奇从车上走下来,孩子们都围住他。

"列宁伯伯来了没有?"布鲁耶维奇问孩子们。

"没有呀!"在森林学校养病的克鲁普斯卡娅连忙过来回答,并疑虑地说:"今天他怎么迟到呢?"

这位办公厅主任解释说:"我在为他办些送给孩子们的节日礼物去了,他先来了。"布鲁耶维奇也疑虑起来,"尽管我是抄近道,他也应该来了的。他又到什么地方了呢?"

凭着没有熄火的车灯观察这些模糊人的面目,太阳穴两旁都被顶上了手枪——

吉尔又偷偷藏了枪,不敢开枪:若开枪,第一个倒下的就是列宁。

列宁传

听说是"列宁",凶手你望着我,我望着你,握枪的手开始颤抖:"列宁",很多人经常念叨着这个名字,穷苦人讲起他的故事来就好开心的……这么一个有福分的高天庭的人,他的额头就像这汽车上的反光镜,这太阳镜还真太阳般地熠熠放出光来……管他是个什么了不起的大人物,反正是个了不起的有钱人……

"对不起,让你受惊了。不伤害你的身体,只要你的钱用用……"一个高个子说,于是,列宁的证件和他的钱包、手枪都被搜去装进了高个子的口袋里。

吉尔也被押出来,车上的人全被搜身。四个凶手旋即都上了车,将车子一溜烟开跑了。

正当布鲁耶维奇要出校门迎接列宁时,列宁和玛丽娅来到了校门口。

"娜嘉在哪儿?"列宁劈头就问。

"上楼去了。"

"你到她那里去。"列宁吩咐玛丽娅说,停了停,又悄悄告诉布鲁耶维奇,"有几个持枪的强盗袭击了我们,抢走了汽车,我是坐别人的车来的……记住,对娜嘉什么都不要说……只是那辆车太可惜了……"

为了不影响学校的节日气氛,办公厅主任也悄悄离开这里去火速组织追捕,并很快抓住了四个强盗。

列宁和克鲁普斯卡娅、玛丽娅都从楼上下来了,孩子们围着他们。

"伯伯,您怎么才来?我们玩什么呀?快点玩吧。我们等您已等急了……"活泼的孩子们围住列宁问。

"嗯,马上绕新年松树跳圈圈舞。"列宁回答,"然后,玩猫捉老鼠,抓坏蛋,行吗?"

新年松树上很快亮起了五颜六色的灯,列宁和孩子们一起唱

着松树歌,围着松树转圈跳舞。

列宁又伏下身来,双手支在地上,让小个的孩子当"马"骑……

"嗯呀,你们怎么忘了啦,我们什么时候玩抓坏蛋呀?"列宁激了激他们。

列宁同孩子们玩得挺开心的,很快成了他们的朋友。孩子们和他说话也随便,连"伯伯"也免去了,直呼"你",还和他随便开玩笑,有时竟然把他从大人堆里拉出来,要他跟他们一块喝茶。列宁尽可能地满足每个孩子的心愿,为他们敲核桃、倒热茶,成为他们家里的人,列宁还很快能记住每个孩子的名字,并惊人地一个不漏地全都记住了,一个个直呼不误。

列宁自报装"坏蛋",孩子们围着松树追捕,开始怎么也追不着,后来孩子们分几个口子包围了他——

"不许动!"两只小手折成的"手枪"对准了列宁的太阳穴——

"哈哈哈……"列宁笑了起来,笑得比谁都响亮,笑得全身发颤,在场的大人和孩子都笑起来了,只有玛丽娅听到"不许动"的声音时心里不由神经质地一惊。

不予追究的谋杀案

布鲁耶维奇主管的斯莫尔尼宫"第75号办公室",是一个负责监视各种反革命活动的办公室。由于两个月日夜不停地紧张工作,布鲁耶维奇的身体垮下去了,列宁强令他到邻近的芬兰去"小修"一下。临行前,他一再同列宁交谈,劝他这几天内最好不要外出。可结果他还是在"保险柜"里待不住,又到群众中去演说了。

通常,列宁离开斯莫尔尼宫外出时总要先通知布鲁耶维奇。斯莫尔尼宫有许多入口,他们就在规定时间准时把汽车开到其中

一个入口附近,几乎每次都调换车牌,而且无论是司机或者任何别的人,除非特别可靠的,谁也不知道列宁什么时候出发,车到哪个入口处,上哪儿去,所有这一切都只在最后一分钟才通知,一点也不泄露,是极其保密的。而这一天,他却正在芬兰的一个车站焦急着,这些规章就让代班的忽视了。显然,一切都简单化了,而且吵吵嚷嚷,在斯莫尔尼宫的一般人员中无疑很快便议论开了:列宁什么时候要离开斯莫尔尼宫,上哪儿去,干什么。

在这样残酷的斗争时期应当严格地遵守秘密工作规则,稍一疏忽就会酿成犯罪事实。敌人的侦探会马上竖起耳朵。他们的暗探一得到情报,就立刻去找上尉,"澡堂衣帽间"的这个上尉和所有的反革命分子一下子都雀跃起来。

1918年1月1日傍晚,马戏场,人山人海,大家都等待着。一辆车号"4647"的小汽车从街角拐过来,下坑洼,一对前灯直射马戏场。

"来了!"

"同志们不要挤!"

车子停下了,人群总算让出条路。

"同志,不能过去!"肩背长枪的赤卫队员一把抓住一个人的短皮袄。

穿"短皮袄"的人猛地从赤卫队员手里挣脱出来,说声"我是政委"便抽身进了马戏场。

场子大而照明很差,寥寥几盏灯,看不清圆顶。

台前散开站着一排赤卫队员,台上讲台铺着红布。

场里的人挤得满满的,大家都向来人尽情欢呼。

讲台正中间的那一个结实、中等偏矮、穿着城里人大衣的人,双手插在口袋里,头戴帽子。

"人们在座位上喊着,喊着,根本无意停息下来,'乌拉'之声拖得长,犹如祈祷一般,这祈祷越来越盛。在这陌生的半明半暗的马戏场里,在这一群人中间,包括这个人在内,充满着一种极大的振奋人心的精神。我听到我也在喊,我没有张开嘴巴喊出声来,好让别人听见我喊的是什么,我倒并没有坏意,我是内心在喊,因为不由自主地想喊,因为我不能不喊,因为我忘却了一切,因为从我心底迸发出了某种不可抑制的、自发的、错乱我理智、撕裂我心灵的东西,一股神秘莫测的力量在扶持着、支撑着,又仿佛除了体会到动人的自由、无限的空旷和极度的快乐之外,别无其他了。"那挤进场院的"短皮袄"这么想着。

为"弄清真相",一定要与他两眼对视才好,定下决心来,"短皮袄"人总算挤到了"目标"附近。

看到的是一张善良而淳朴的脸,他在向我微笑,还有一双充满温暖和慈爱的眼睛,像是我父亲又像是我兄长的一双眼睛……"短皮袄"看清了"目标"。

随着列宁的一声"同志们",全场什么都定了,寂静下来。他开始讲话,讲着,讲着,他离开了那铺红布的讲台,快来到了台右侧"短皮袄"的身旁。只见他上身往前倾,话说得厚实的胸脯起伏很大,并时不时地把伸出食指的右手往前一伸,像是要告诉你什么"天机",向你说知心话。渐渐他两只手同时做动作,不是那种"演说家"的手势,特别有力量,双手是发出战斗号令的急速有力,像指挥人们冲向战场的两根神奇的指挥棒,"指挥棒"指向"短皮袄",皮袄里一阵发热冒汗,或一阵泛起鸡皮疙瘩——

列宁讲的话,"短皮袄"一句也没有记住,可却又感到他讲的每一个字当时都确是装进了心里的……

嘴像母亲祈祷似的唱,眼睛像父亲希冀地注视着……赤卫队员们"唱"得激动,"短皮袄"也"唱"得欢跃——但他同时还默默在抗争着:不听信你的这一套,你马上就要成为我手上的新鬼了。

然而,那嘴和眼睛还是在起作用,在破坏着"短皮袄"身上原有的似乎是那么坚定、完整、强有力而且绝无回旋余地的东西……

散会了,场里的人都还不愿离开,"短皮袄"也觉得他讲话讲得太快了些,没能多给人喘口气的空隙。

"4647"号汽车返程,就要驶入莫伊卡河的桥上,决定性的时刻不可逆转了。

"短皮袄"在暗处把守桥口,这时见那刺眼的车灯里似乎确有一双父亲的眼睛……脑子里忽闪着"但愿不见到那上尉的手电筒的信号"。

手电光向桥上照来了,呀,上尉,"短皮袄"从手电筒的亮光里看到了他。

列宁挥动双手。

马上动手!

汽车来了,扔炸弹呀,只能扔炸弹了。

"短皮袄"向前冲去,汽车慢了下来。

列宁差一点撞上了挡泥板。

列宁坐在车里。

列宁望着,在黑暗中"短皮袄"看到了他的眼睛。

扔炸弹!

……

可为什么汽车开走了,而炸弹还抓在手里呢?

上尉三个人都过来了,漆黑的夜,炸弹抓在手里!

列宁看到,也知道,炸弹在手里,汽车开走了,应当扔炸弹,自己感到吃惊,却为什么竟没有下手?

"我不能这么干,就好像有人绑住了我的手脚一般。"

"短皮袄"真想这么喊出声来告诉上尉,以求上司的饶恕、谅解:"仿佛倏忽之间整个大地、整个天空、所有的人、所有的房子一起以惊人的力量用锁链一下子捆住了我的双手,又仿佛有千万把钳子夹住了我,我拼命挣扎,但不能挣断它,不能松开它,不能从麻木僵死中挣脱出来……"

"一切都完啦……"直到这时上尉才恍然大悟,他输掉了这场战斗,他的士兵"软化"了。于是,上尉自己开了枪。

"砰!"

参加这次谋杀案的主犯全落入法网。

布鲁耶维奇在紧张的侦查期间却受到列宁投来锐利的目光!

"这是干什么?难道没有别的事情做了?这完全没有必要,革命时期留下来一些不满分子,他们现在要开枪,这有什么可大惊小怪的?这一切都是正常的,至于你们说的有什么组织,这又有什么稀罕的呢?当然会有的。军事组织?军官团?非常可能。"说完,他就把话题转到别的地方去。

布鲁耶维奇却无论如何不能放过这件事。他对列宁说,这谋刺针对人民的领袖就是针对人民来的,决不能让它不了了之。

罪犯落网时,列宁却成了案件侦查最难以排除的障碍,而且对他的暗杀者们表现出兴趣,他招呼布鲁耶维奇:"多给他们一些文学作品看看,让他们多读点书。"

当年的8月2日,刚一公布列宁的那篇令人亢奋的呼吁书《苏维埃政府在危急中》时,关押在斯莫尔尼宫拘留室里的谋刺列宁的那些人就写了信来,要求派他们到前线去,让他们驾驶装甲车去跟来犯的敌人进行战斗。

布鲁耶维奇把这件事给列宁作了汇报,殊不知,这个从不把个人恩怨放在心上的人当即作出批示:"此案停止审理,人员释放,派他们上前线。"

于是,昨天还在我们这儿受审理,受到严格监禁的人,而且正

在等候着必然遭枪决的人,竟然变成了我们的热心协力者。这几个人全力以赴地忙着装配第一批装甲车,以便参加先头突击部队向德国佬冲杀过去。

于是,革命战斗时期的严酷的司法向站起来了的无产阶级领袖的伟大而豁达的胸怀让了步。这位无产阶级领袖没让企图谋杀自己的敌人去接受惩处,却还给他们一块用武之地,他们果真出色地完成了战斗任务,当中只有一人逃往国外,其他人仍在合作社、农户和市镇建设上为苏维埃努力工作;连凶手的交代手稿刊载时也宽容地略去姓名,以免打扰他以后漫长的工作和生活。

列宁,就是这样以一种回天的意志和力量,震撼着劳动人民,荡涤着敌人的心灵,一股以命相许的伟大力量全扑入他的无产阶级事业之中……

1920年的圣诞节,布鲁耶维奇整日处在亢奋之中。

新生的俄国人民一片欢腾……

第三国际

1920年的圣诞节后,苏维埃政权同国内外敌人的较量全线告捷,胜利在望。

帝国主义和国内反动派将从"把苏维埃政府扼杀在摇篮"的梦呓里醒来,无产阶级领袖列宁也是杀不死的。

这之前的1919年秋天,俄国苏维埃经受住了帝国主义包围的又一次最严峻的考验,以丘吉尔为首的英国死硬派和德帝国主义参与的所谓"十四国战役"向工人共和国发起总进攻。匈牙利和巴利亚苏维埃政府被推翻了,欧洲革命运动受到挫折。关键时候,列宁在全国开展"征集党员周"活动,几十万人加入了党,补充扩大了红军队伍；列宁的亲密战友斯大林听从列宁的指挥，从东线辗转南线战场，敌人纷纷败退，前方捷报频传，俄国苏维埃政权像坚强的磐石依然屹立在欧洲的东部。

这之前，各协约国支持白匪发动叛乱，企图暗杀列宁，英国间谍洛克哈特唆使一队拉脱维亚步兵去逮捕人民委员并暗杀列宁，他们都未能得逞。列宁在极其艰难的环境里已经经历了三次千钧一发的刺杀危险，他却都能神奇地摆脱死神。无论是国内国外反动派如何蓄谋和叫嚣"杀死列宁"，列宁和他越来越强大的无产阶级政党是吓不倒、杀不死的。

在敌人的包围圈中，列宁杀不死，苏维埃政权能立于不败之地，这还在于列宁的一个伟大策略。

1919年秋天"十四国战役"之前的当年1月，列宁写信给欧洲和美洲的工人说：无产阶级的共产党已经在一些国家组织起来了，第三国际，即共产国际，正在革命斗争的烈焰中诞生，而实际上它已经成为事实了……

列宁在俄国极其困难的情况下，通过发动国外的某些代表的支持合作，向国外发出号召，召集了共产国际的第一次代表大会。

当时，俄国同所有其他各国之间的交通都被战争阻隔，各个代表冒着生命危险越过重重战线，来到莫斯科，云集在列宁身边。

3月2日，列宁在克里姆林宫的一间小厅里主持了共产国际的第一次大会。出席会议的代表51人。德国、奥匈帝国、美国、法国、匈牙利、瑞典、巴尔干联邦、挪威、波兰、芬兰、中国、朝鲜、波斯、土耳其和其他一些国家的共产党和共产主义组织都派代表出席。俄罗斯共产党的代表团以及乌克兰、拉脱维亚、立陶宛、白俄罗斯及阿尔巴尼亚的共产党代表当然是大会里的中坚力量。

大会推选了以列宁为首的三人主席团，列宁主持大会的每一次会议，逐日地领导了大会的全部活动。

大会的一些主要决议由列宁亲自草拟,并在列宁的报告中加以具体化。大会的主题是列宁关于无产阶级专政的演说。列宁在会上致了开幕词,宣告第三国际正式成立。

第一次大会以后的一年里,共产主义运动在各国迅速传播,苏维埃俄国的许多成功和红军的胜利,更加深了全世界劳动大众对共产主义和它的领袖列宁的同情和敬仰。

1920年7月,列宁及时筹备召集了共产国际第二次代表大会。

19日,大会的开幕式设在"十月革命"胜利所在地彼得格勒的乌里茨基宫,开幕式当着在争取无产阶级专政的斗争中表现出无比英勇的工人阶级先锋队代表隆重举行。随后的一些会议议程又迁到莫斯科进行。

出席大会的有37个国家的218名代表。列宁作了关于国际形势和共产国际的主要任务的报告和关于民族问题和殖民地问题的报告。他草拟了准许政党加入共产国际的21个条件,他撰写了关于土地问题的论纲。

列宁在一次会上作了长篇报告。他用德语演讲第一部分(那时正讲到德国部分),又用法语演讲第二部分(讲法国问题),列宁在总结世界形势时,把整个世界划分成为被压迫的国家和压迫的国家两大类。他指出,全世界17.5亿人口当中,有12.5亿人是被压迫的殖民地的人民。2.5亿人生活在这样的国度里:它们虽然设法逃脱了战争,但在经济上已经成为美国的附庸;另外的2.5亿人则住在那些国度,在那里,资本家上层社会正在分享世界大战胜利的利润……

列宁在会议休息期间,用其本国的语言找各国代表谈心,当谈话一时找不出适当的表达词语时,他就直截了当向代表们请教。向他们传授地下工作经验、秘密方法、传递非法文件的办法……以纠正他们工作中的错误,指给他们正确的道路。列宁并开始研究每一个代表,选拔出世界工人阶级运动未来的领袖。

代表们对列宁的每次演说都报以经久不息的掌声。30多个国家的兄弟党都尊崇列宁是世界无产阶级的领袖,是无产阶级专政的领袖。

为期18天之久的第二次大会,于8月7日胜利闭幕。

1921年6月又在莫斯科召开了为期20天的共产国际第三次代表大会,列宁当选为名誉主席,大会以共产国际执行委员会的名义向全世界发出了建立世界工人"统一战线"的指示。

共产主义已成为一个强大的现实的世界运动。列宁成了这个运动的核心磁场。

第五章
进行社会主义建设

"列宁灯泡"

1920年春,红军已把各个战线上的敌人全部肃清,整个红军的前线战事全部停止,党的实力比一年前增加一倍,发展壮大到60万党员,俄国共产党胜利了!苏维埃共和国胜利了!

"工人、红军、农民革命万岁!"

"无产阶级专政万岁!"

"共产党万岁!"

"列宁万岁!"

"乌拉!"

……

整个俄国沉浸在一片欢呼之中。

在沸腾、咆哮的"万岁"声中,列宁内心更加沉重起来了,睡得那张小铁床吱呀吱呀响,辗转反侧,又彻夜失眠了:

> 嗯,政权夺得了,也保住了,真不容易啊!可这政权是全体劳动人民的,无产阶级的,不是我列宁一个人的,或中央政府少数人的,夺得这个政权的目的就是要让劳动人民这个绝大多数创造社会财富的人当家做主,自己管理、自己建设好美满的家园,世世代代过上平等的、民主的、幸福的生活。若不如此,仅为我列宁能当个主席,让人唤声"万岁",那才不值得。我不要你们的"万岁",我要你们恢复和发展国民经济的"谋略",我要你们富足、幸福和快乐的笑声,要国家和民族尽快地发展和强盛。

列宁在1918年苏维埃政府获得喘息的时候就拟出了一个全

面而详尽的社会主义建设计划《苏维埃政权的当前任务》,但是,外国干涉和内战使这个计划未能及时实现。

内战时,保卫国家高于一切。在战争压力下,党不得已采用了军事共产主义政策,为了供给军队和工人,捍卫国家以及进行工业生产,不得不从农民那里征集全部余粮。而被战争破坏和毁掉的工业,又不能供给农民所需要的东西。

在苏维埃共和国很大一部分土地上激烈进行的内战,也严重地影响了农业,特别是在几经易手的最肥沃的地区。

大部分农民都拥护苏维埃政府,这个政权曾经给了他们土地,把他们从地主手中解放出来。现在白匪已完全被打垮了,农民于是要求经济上的帮助,他们要求城市供给他们布匹、鞋子、钉子、犁和其他制造品。他们要求他们的生活水准要有改善。长年的帝国主义和国内战争已把他们弄得精疲力竭了。

然而,工业并不能满足这些要求。连年的战祸使得工业衰败不堪,工业生产还不到战前的四分之一。千百所工厂都处于半毁坏状态,工业陷于停顿。大多数工厂、作坊的设备都旧得成了一堆废铜烂铁。由于一些企业关闭了,一部分无产阶级失去了工作,只好放弃他们原来的行业,跑到乡间去,工人阶级中最优秀的力量还在前线。几个最重要的工业区(顿巴斯、马拉尔、巴库)都还刚刚在苏维埃的统治之下,它们从前也在白匪手里受到了很大破坏。

资产阶级国家的经济封锁使国内的经济情况更趋严重,使它无法向国外买进需要的机器和货物。

铁路运输几乎全部毁坏了,几百座铁路桥被炸毁,几千公里的路轨变成废料,大部分的机车和车厢都超过使用期限,战后由于运输的破坏,前线350万军人一时还不能退伍复员。

在战场上吃了败仗的敌人,现在企图组织匪帮和富农暴动来颠覆政权。武装匪徒正被派往共和国的领土来进行牵制政府工作的开展。

列宁清楚地看到了国家经济的严峻形势，党的政策必须立刻来个根本的转变。必须使农民有一种自我发展的条件，形成改进耕作的推动力，在发展农业生产上，激发他们当年那种推翻地主阶级反动统治的革命热情和奋斗精神。在改造农业的基础上，要同样把工人当年的革命精神焕发出来，大规模的工业必须恢复起来，必须把机器和货物供给农村，加强工人和农民的经济联系。继续调动革命时期工农联盟的巨大力量发挥到建设上来，"农民伯伯"和"工人老大哥"携起手来，形成强大合力。

这需要政策，一种新的政策，而这种政策上的转变同以前军事共产主义政策有很大的差别，又只有在党内团结一致的情况下才可以实现。

1920年12月，列宁主持召开了苏维埃第8次代表大会。大会集中精力讨论列宁提出的改造全国国民经济计划和建设社会主义经济基础的计划。列宁认为在一个小农占多数的国家里，战胜资本主义、实现共产主义，必须把"国家经济，包括农业在内，转到新的技术基础上，转到现代大生产的技术基础上"。在当时，新的技术基础就是电气化。

在这段时期，列宁先后给国家电气化委员会负责人克尔日札诺夫斯基写过四封便函，其中有一封是这样的：

格·马·克尔日札诺夫斯基，我有下面这样一个想法。

必须宣传电的知识。如何宣传呢？不仅是口头的，而且要用实例。

这是什么意思呢？最重要的是把电的知识普及起来，为此必须现在就制定一个俄罗斯苏维埃联邦社会主义共和国每一幢房屋用电照明的计划。

列宁传

这要很久才能做到,因为无论是2000万(—4000万?)个灯泡,还是电线或其他器材,我们在长时间内都会感到缺乏。

但是目前仍然需要一个计划,尽管要许多年才能实现。

这是第一。

第二,应当立刻制定一个简略的计划。然后,第三(这是**最主要的**),应当善于激起群众的竞赛和主动性,使他们立即行动起来。

为此能不能立即制定这样一个计划(大略的):

①所有的乡(1万~1.5万个)在一年内都有电灯照明;

②所有的镇(50万~100万人口,大概不超过75万个)在两年内都有电灯照明;

③首先是农村阅览室和苏维埃(两盏电灯);

④电线杆立刻如此如此准备;

⑤绝缘体立刻自己准备(陶器厂,比如说,地方的和小型的?)如此如此准备;

⑥电线用铜?自己到各县各乡去收集(巧妙地暗示铜钟等物)。

⑦关于电的教育如此如此进行。

能不能把这方面的事情考虑研究一下,并发出指示?

您的列宁

克尔日札诺夫斯基说:"便函中贯穿着作者的一种坚定的信念:他认为我国一定能够很快地摆脱农民生活中的一切黑暗,因此这封信函本身使人有根据地把那种以其照亮我们这个工业化和农业集体化国家的灯光叫作'列宁灯泡'。"

1921年3月,不到三个月,列宁又主持召开了俄共(布)第10次代表大会。他作了《关于以实物税代替余粮收集制的报告》,他说:我们必须让农民有某种程度的买卖自由,我们必须供给他们以货物和用品。这样,农民将会得到一种鼓励,使他们愿意多生产谷物,这样,就刺激了整个国民经济的恢复。

"十大"期间,成立了国家计划委员会,又将国防委员会改为劳动国防委员会,列宁除主持中央政治局工作、国防工作外,又主持着全部经济建设工作。

"十大"会议后,列宁发表文章和像战争年代一样到群众中去演说,详细解释粮食税的性质和新经济政策的实质。他说:"如果没有无产阶级专政,社会主义是不可想象的,如果没有资本主义的技术方法和大工业,社会主义也是不可想象的。"

事实上,在1918年苏维埃政权三个月喘息时期里这只"列宁灯泡"就亮起来了——

"社会主义不仅不窒息竞赛,反而破天荒造成真正广泛地、真正大规模地动用竞赛的可能,吸引真正大多数劳动者参加工作,使他们能够在这种工作中大显身手,施展自己的本能,发挥自己的天才。"

"我们可以准许外国资本家在我们某些企业中获得租让权。现在最重要的是从资本主义国家尽快地取得机器设备,为此,用黄金和租让权去偿付资本家是值得的。"

"共产党的纲领应当变成经济建设纲领,它应当用第二个党纲,即恢复整个国民经济并使它达到现代技术水平的工作计划来补充。"

"共产党员要去学习贸易,去通过市场建立国家工业同农民经济的经济联系。"

"如果我们不利用资本主义文化遗产,就不能建设社会主义。"

"聪明的共产党员不怕向资本家、向专家学习。"

……

列宁传

"列宁灯泡"一只只被点亮,很快照亮了欧洲东部这个在同黑暗专制统治、同东方野蛮的游牧民、同德国的"狗骑士"、同欧洲的封建主、同操"十二种语言"的拿破仑大军、同……进行斗争过的这块占人类六分之一的土地……明媚春光里,焦土也开始变得肥沃起来……

1921年,这个没有战争的头一年及经济建设的头一年的总结报告表明:

> 顿巴斯的煤生产了560万吨(超过计划),泥炭生产了222.5万吨;在年初,每月熔炼生铁1120吨,而在11月则已增加4320吨;在1920年与1921年,修建了有12000千瓦发电量的电力站221座……

——转眼间,"列宁灯泡"似满天繁星镶嵌着地球的东部,并照亮出新的现代公式:

> 蒸汽时代是资本主义时代;
> 电气时代是社会主义时代;
> 原子能时代是共产主义时代。

义务劳动的创举

人民夺取政权后,内战一连打了好几年,苏维埃国土上到处留下战争的痕迹。工厂被烧毁,桥梁被炸断,铁路上有很多机车和车厢被打坏了……一切都得重新建设。

一天,莫斯科的喀山铁路分局,有205名共产党员和积极分子自愿组织起来,清理了铁路旁边的"机车坟地"。战争的残骸在铁路两旁到处可见：成堆的破烂机车布满弹孔，轮子朝天。工人们卸下煤和木柴，挑出完整的零件，使废弃的东西都可以派上用场。

星期六义务劳动是"伟大的创举"。列宁赞扬工人的这种主人翁精神，写文章大力支持这个闪烁共产主义光芒的新鲜事物。

很快，这种义务劳动就在全国铺开了。自愿参加的不但有工人，还有士兵、职员和学生。最初，活动只在每星期六进行，后来每逢假日，或下班以后，都有人自动集合起来，做不要报酬的劳动。不管在哪一天干的，大家统统称为"共产主义星期六义务劳动"。

1920年5月1日，国际劳动节的一天正好是星期六。党中央号召全国，在劳动人民的节日里，举行一次共产主义星期六义务劳动。

这天清晨，朝霞满天，克里姆林宫放了三声礼炮。工人、士兵、职员和学生们如同听到了战斗号令，从四面八方奔向红场。

克里姆林宫的卫戍部队也排好了队伍准备出发。列宁穿着一身旧衣服走来了，来到指挥官跟前，并举手行军礼说："指挥官同志，请允许我加入你们的队伍，参加星期六义务劳动。"

这教指挥官为难了。不让他去吗，他这样要求，也不好拒绝；让他去吧，活很重，列宁年纪大了，身体不太好。他犹豫了一下，最后还是说："请吧，列宁同志，请您站在队伍的前头！"

列宁整了整衣襟，挺起胸膛像一个老战士那样走到了指定的地方。

"立正！""向右转！""齐步走！"

他们的任务是清理克里姆林宫前面的红场，搬运木头，打扫垃圾。

快50岁的列宁，干起活来在年轻人面前不示弱，他不高兴年轻的士兵总让他抬细一头的木头。

列宁传

当看见几个人抬着一段又长又粗的木材,战士的背也压弯了,他立即走过去,站在他们中间帮他们抬。

"你们感到轻一点吗?"列宁一边走,一边问他们。

"多一个人,轻得多啦!"大伙笑着说。

列宁笑得挺欢的:"是啊,这就叫人多力量大!"

接着又要搬橡树原木,要6个人才抬得动一根。列宁又加入了青年人的队列。

有个工人忍不住开口了:"列宁同志,您不在这儿,我们也能把活干完。您有更重要的工作啊!"

列宁却认真地回答:"现在,这个工作就是最重要的了。"

休息的时间到了。列宁和大家一块儿坐在木头堆上交谈。他问大家的生活、学习和工作,最后谈到义务劳动,他说:"我们要永远把这种共产主义的义务劳动继续下去,使它成为一种风气。"

有人向列宁送来一支烟,列宁摆了摆手,谢绝了。

"列宁同志,您过去抽过烟吗?"有人问。

列宁笑眯眯地说:"年轻的时候也抽过。后来听说抽烟对身体有害,就下决心再也不抽了。"

提到抽烟,列宁自然又想起了妈妈,想起了妈妈告诫自己戒烟,告诫自己如何立志做人……

休息一阵后,大家的劳动劲头更足了。同领袖在一起劳动,是多么幸福啊!

列宁参加义务劳动的消息,很快传遍了莫斯科。各个工地的劳动场面越发热闹,歌声、笑声、欢呼声洋溢着全城。

学习学习再学习

1920年,共青团召开第三次代表大会。

大会快要结束的时候,列宁突然微笑着走到了讲台前。整个会场一片欢腾。

列宁脱下大衣,向大家点头示意,并从衣兜里掏出发言提纲,准备讲话。

但是欢呼声越来越大,还伴着雷鸣般的掌声。大会主席拼命摇铃,宣布开会,谁也没有注意到。列宁左手拇指插在胸前的背心里,右手做了几次手势,叫大家安静下来,又掏出表来给大家看。可是大厅里仍然一片沸腾。

大会主席向着讲台前的列宁使劲喊:"列宁同志!怎么宣布您作报告?"

列宁把手掌罩在耳朵后边,才听得清楚,就摇着头回答说:"不!不用!用不着宣布。"

列宁眯着眼睛,向大厅环视了一周,然后把右手向上一举。这一下,大厅里立刻安静下来。不等大会主席宣布什么,列宁抓住这一瞬间,开始讲话了。

"同志们,今天我想谈的问题,就是共产主义青年团的基本任务。共产主义青年团的任务是什么呢?一句话:就是学习。学习什么呢?学习共产主义。"

列宁将"学习"这两个字说得特别响亮。

我们决不能像旧学校那样,用数不胜数的、九分无用一分歪曲了的知识来充塞青年的头脑,但是这并不等于说,我们可以只学共产主义的结论,只背共产主义的口号。这样是不能建立共产

主义的。只有用人类创造的全部知识财富来丰富自己的头脑,才能成为共产主义者。

列宁还说:我们不需要死记硬背,但是我们需要用基本事实的知识来发展和增进每个学习者的思考力,因为不把学到的全部知识融会贯通,共产主义就会变成空中楼阁,就会成为一块空招牌,共产主义者也会是一些吹牛家。

列宁一边讲,一边来回走动。有时候为了强调重要的话,他立刻站住,将右手伸向前面。台下的年轻人全神贯注地听,会场里没有一点别的声响:

> 你们都知道,紧接着军事任务,即紧接着保卫共和国的任务之后,我们现在又面临着经济任务。我们知道,如果不恢复工业和农业,那么共产主义社会是建设不成的。必须在现代科学成就的基础上恢复工业和农业。你们知道,这样的基础就是电气化;只有全国一切工业和农业部门都电气化的时候,只有当你们真正担负起这个任务的时候,你们才能替自己建成老一代所不能建成的共产主义社会。……每个青年必须懂得,只有受了现代教育,他们才能建立共产主义社会,如果不受这样的教育,共产主义仍然不过是一种愿望而已。……在一个文盲的国家是不能建成共产主义社会的。

列宁讲话落音,就似乎只能听到台下一片刷刷的记录声。

列宁亲切地说:"我们的学校必须使人们在学习期间就成为推翻剥削者这一斗争的参加者。共产主义青年团只有把自己的学习、教育和训练的每一步都同参加全体劳动者反对剥削者的总斗争联系起来,才符合共产主义青年团的称号。"

列宁又说:"我们的道德是服从于无产阶级斗争的利益的……做一个青年团员,就要把自己的工作和能力都贡献给公共事业。"

列宁做完报告后,他要青年同志们向他提出一些问题和困难,青年们的便条一张一张地向列宁的讲台递过来……

有一个农村来的小伙子干脆站起来说:"列宁同志,什么地方可以买到车轱辘的松焦油?我们乡下特别缺少。"

大家觉得在这样庄严的大会上,向伟大领袖提这样的问题,多不好啊!全场哄堂大笑。提问的农村青年一时面红耳赤。

列宁却做了一个欢迎的手势,并阻止了笑声。他说:"这是一个很好的、合情合理的问题。对于受到战争破坏的农村来说,这是个很重要的问题。你们想,如果农村里那么需要的大车都停下来了,那么,我们革命的车轮还能顺利转动吗?"

代表的便条还在一张一张地向列宁的讲台递过来。列宁生怕漏掉一张便条,见几张便条飞下了讲台,他立即弯腰屈膝,附向地面,一张一张地捡起来,把上面的灰尘轻轻地拂去……

与群众同苦乐

一天,人民委员会又同社会革命党人进行一场激烈的争论,苏维埃执行委员会委员柯伦泰在斗争大会上发表演说后头晕发颤。

"你病啦?罗维奥同志。"赤卫队战士忙扶住他。

"不,大概是饿了。"赤卫队战士当时给柯伦泰一个卢布去"买点面包",他谢绝了,战士又把面包送到他家里。

柯伦泰很高兴地请列宁吃战士送的大圆干酪面包,他知道政府首脑也一样半饥半饱的,人民委员会开会之前,他就把大圆干酪面包拿给列宁看,列宁却显得不安起来:"怎么?你应把它全吃

 列宁传

了！"见柯伦泰执意不肯，又只好说，"嗯，实在这样，应该分给大家吃。"列宁又指着身边的工作人员说，"别忘了哥尔布诺夫。柯伦泰同志，这件事就请你来处理吧！"

柯伦泰分完干酪面包，准备让同志们晚饭时吃，他匆匆去参会，也忘记了干酪是放在台子上。等他返回时，干酪都不见了，只有刀和报纸还在。大门口的岗哨一天要调换多次，岗哨把留在房间里分好的干酪当成他们的口粮了。干酪在一天里全分给战士们吃了。

列宁正同哥尔布诺夫在一起校对记录，见柯伦泰有些怅然若失的样子，忙问："发生什么事啦？"

列宁问明情况后，却爽朗地笑了起来："怎么样，干酪面包味道挺好的吧？我倒让你连一点也没尝到，这真可惜呀！真遗憾！哈哈哈……"

列宁又说："物归原主吗！你不是说是战士买的？让战士吃了，最合理的事！"

列宁的办公室有部电梯，电梯可直接到他楼下的住室。

列宁家里的女服务员伏龙佐娃有个女孩子患骨结核用石膏固定起来挂拐杖走路，列宁知道后非常同情她爱护她，每次遇到孩子都要同她亲热几句，拍拍她的头，有时从口袋里掏出块糖或饼干给她，他说："这是我特意送给你的，吃吧，塔妮娅，这是目前我们所能弄到的顶好的东西啦，但总有一天人们会嘲笑这样一份礼物的。"

列宁有空就和这位残疾孩子玩耍，他常常让小女孩站在电梯旁边，叫她听传声器里的声音。

"塔妮娅，你站在这里听吧。"列宁说着就随电梯跑上或跑下的，同塔妮娅亲热地喊话，"塔妮娅，伯伯飞起来了。"

"伯伯，我也要飞起来！"

电梯的传声筒里传出爽朗的男声和天真的童声——

"十月革命"胜利之后,新生的苏维埃政权面临饥荒的严重威胁,当时粮食奇缺,列宁和大家一样,过着严格的军事共产主义生活,享用着自己应得的那份黑面包,经常饿着肚子工作。

有一次,女服务员伏龙佐娃到面包房去领面包时,分面包的女孩弄错了,本应只给她15个人的面包,结果给了25份。伏龙佐娃心想:正好,我们正需要呢。她想到列宁一天到晚工作,几乎什么东西都不吃,可不能把无产阶级的革命领袖饿坏了。于是,她给列宁送去了比平日要多的面包。

列宁正在看报纸,他隔着报纸也注意到面包了。

问道:"伏龙佐娃同志,你为什么弄了这么多面包来?只应当有八分之一磅呀,你从哪儿弄来的?"

她先不想给列宁说实话,认为这反正是给列宁吃的。可当看到了列宁那烫人的目光,不得不如实说了,并劝列宁说:"没关系,他们有许多面包,他们架子上都堆满了呢。吃吧。"

"伏龙佐娃同志,你以为他们就只考虑到我们及你所照顾的那些人吗?"列宁摇了摇头,认真地说,并动手切出了那份额外的面包,并严肃地说:"马上把它还了,以后再也不要这样了!"

多余的面包被立即送还。

反对个人崇拜

在党的"九五"闭幕前的一次会议上,许多代表一开始就提出庆祝列宁50岁寿辰,提议赢得了全体代表的热烈掌声,列宁却不同意,他只好站起来提议说:"同志们,还是让我们一起来唱《国际歌》吧!"代表们响应列宁的提议,齐声唱起了《国际歌》。但是,

大会接着还是转入了关于祝贺列宁生日的发言,两位代表讲话之后,列宁站起来要求:"这已足够了,我们还是谈谈当前建设中的迫切问题吧。"然而,代表们不同意,同志们激动的心情难以平息下来。列宁听代表对自己的一味颂扬,深感不安,立即起身退出会场,并打电话催促大会主席团尽快结束这一类发言。他一生也就仅只这一次算是人民为他庆贺了生日。

列宁重病后上班的第二天,他把办公厅的人找去严厉地批评一顿,只见他激动得脸色刷白:

> 这算什么?怎么允许这样做?……看报上写了些什么……都不好意思去读,是写我的。说我这样那样,把什么事都夸大了,把我叫作天才,说我是个特殊的人。喏,这里还有篇莫名其妙的东西……集体希望、要求、祝愿我健康……哼,弄不好还会为我的健康去祈祷呢……真可怕……那么,怎么会这样呢?我们一生都为思想战线上反对个人崇拜、反对崇拜个别人而斗争,关于英雄的问题也早就作出了决定。可是这里突然又出现了个人崇拜!这是无论如何不行的。我是和大家一样的人……已经有最好的医生给我治病了,还要什么!……老百姓还得不到这样的关怀、这样的护理和治疗,我们还没来得及把一切都给他们办好……现在却把我这样突出出来……这是很可怕的。

列宁说得身边的人无法插嘴,又怕这样激动会对他的身体非常不利。

列宁一停,办公厅的同志立刻和颜悦色地对他说,正是因为人民群众的无限爱戴……办公厅和他们个人收到了无数的电话、来信和电报,接待着各工厂、各人民团体数不清的代表团,因为大家都想知道他的健康情况。这是全国工人、农民、红军和海军战士的共同心愿。海军战士还决定从战舰上派人做他的随身警卫。——这一切在报纸上、在工厂工人的文章里、来信和决议中都如实地就像照相底片一样反映了出来。列宁还是摇着头说：

> 这是非常感动人的……我不知道我使大家这样担心、这样不安……但这种情况应该立即制止，又不要影响大家的情绪。不需要这样做，这是有害的……这和我们对个人的看法和主张是背道而驰的……嗯，您把奥里明斯基和勒柏辛斯基请来，您自己也来。我想请你们三个人一起，马上到大大小小各家报纸杂志的编辑部去一趟，把我对你们说的话告诉他们，就是说，请他们从明天起巧妙地停止上面的这种做法，用更需要、更有意义的材料来充实版面……请您快一点去办。

前几年，在反革命分子猖獗的时期，列宁要求狠狠打击、从严惩处。可一当他知道有这样一件事后，立即发电报向肃反委询问："有一个叫瓦连廷娜·彼尔施科娃的人，17岁，似乎因我的画像而被捕。请告知是怎么回事。"当列宁得知真情后，又于3月8日给察里津省肃反委主席拍电报："因乱涂画像而进行逮捕是不行的，请立即释放瓦连廷娜·彼尔施科娃。如果她是反革命，则请进行监视。"第二天，涂列宁画像的人就被释放了，克里姆林宫里估计列宁常去的地方一般注意不挂他的像，因为让他看到了会惹他不高兴的。

无微不至的关怀

1921年2月的一天，列宁和农民切库诺夫作一次长谈，切库诺夫见列宁坐板凳，让自己坐主席的藤圈椅，心里很不好意思。谈

话中,切库诺夫四次站起身请列宁原谅他。准备告辞时,列宁总是留住他,直到夜里 11 点钟谈话才结束。

临走时,列宁请切库诺夫把他们的谈话内容详细写给《贫农报》,可农民谢绝了,推辞的原因是他在来的路上把眼镜丢了,要配制一副眼镜又很困难。列宁一听,连忙要农民留步,他回到办公桌前按电钮,向随即进来的秘书交代说:"请您以我的名义转告谢马什柯(卫生人民委员),明天就给切库诺夫同志配一副好的眼镜。"

列宁曾有一次参加教育工作会,听了一位代表反映情况后,立即写信给粮食人民委员部:"问题的实质是,命令韦谢冈斯克县粮食委员会提高教师(全县约 500 人)的口粮和土豆供应标准,并发给鞋或者皮革。这些东西都从当地的储备中解决:县里是有余额的,请今天就进行必要的调查(这个同志明天就走),并用电话答复我(晚上我们在国防委员会作决定)。"

作家高尔基吐血,他亲自赶去看望,他摸着高尔基床上单薄、潮湿的被子连忙招呼工作人员马上换新的,并强烈要求将这位刚强的作家送进医院"大修"。

列宁住在医院里,护士多给他垫一个枕头他也要问清楚才同意,生怕因为自己影响另一个病人的使用。列宁发现一位奥奇金的医师助理情绪不好,打听是因养女患小儿传染病很难到克里米亚去疗养,他悄悄把医师的困难记到了他随身带的笔记本上……

列宁心中装的只有人民,没有他自己。可他毕竟是肉长的人,成天为千千万万人的冷暖牵挂、操劳,熬的却只是这么一壶的灯油、一腔的热血……

谦逊俭朴的老人

又要过圣诞节了,列宁心里异常的高兴。

"马尔科夫同志,您能帮我一把吗?让我在圣诞节与我妈妈见一面。"列宁一路口哨一路歌地来到了卫队长的办公室门边,突然提出了这么个问题。

"……"马尔科夫忙站直身来,莫名其妙,他知道列宁的妈妈已故多年了。

"哈哈哈,有空的话,我看您行!您是有能耐帮我办到的。"列宁见卫队长显出窘态,爽朗地笑了起来,手捧精致的小木匣交给他。

"列宁,我……"

列宁连忙挥了挥手说:"坐下,坐下,如果您不觉得费事的话,请把这只木匣打开,我怎么也打不开来。"说着,列宁在卫队长的面前坐下,那只伸出食指的右手又在认真地告诉他,"只是请您小心点,仔细点,不要把它弄坏。我非常爱惜这只木匣,因为里面珍藏着我妈妈的来信。"

"妈妈的来信!"马尔科夫恍然大悟。

"妈妈的来信!"列宁又郑重重复着。

"列宁,我马上把它打开,让你与妈妈见面!"马尔科夫蓦地站直身说,又在这位人民委员会主席的面前和这位领袖的"母亲"的面前立正,行军礼,"让我们新生的共和国与妈妈见面!"

这时,列宁也豁然站直身来,两人相视无语,眼圈湿润……

列宁不由想起了那"而立年"的早晨,那血红的朝霞,那妈妈的琴声,那小舟悠哉游哉的红色梦幻……那法国北部洛基维码头

上同妈妈的最后一面：枯槁的手、佝偻的背、苍老的笑脸，被大海的风浪淹没成一个小黑点，就永远永远消逝了……

转眼，自己也52岁了，生活的波涛也将把自己推为一个小黑点……

马尔科夫这位跟列宁从斯莫尔尼宫到克里姆林宫的卫队长，亲眼看到这位历经艰难的人民领袖，脸上一天天爬上了皱纹，身子日夜操劳得消瘦了——原来，却也是一位母之子、妻之夫的七情六欲食人间烟火的同样接受自然规律制约的普通人……

列宁，这位世界上一个最大国家的元首，他总这么朴实、谦逊，心中想的只是人民，没有自己。

当高兴时，思念母亲时，他仅仅只有这打开小木匣重新看看母亲的信的要求就满足了。向自己身边的工作人员，求办一丁点大的私事，也是这么客气，再而三的"请您"和"谢谢您"……

《贫农报》成立四周年的日子里，卡尔宾斯基请列宁给报纸写一篇文章，列宁很快就把文章寄来了，还附了一张便条，说他最近生了病，末尾还加了几句话："因此，我不能为《贫农报》四周年纪念日写出什么适用的东西。附上一篇如合用，请刊登；如不合用，请扔进纸篓，这样会更好些。"

报社的编辑读了这张便条非常惊奇。他们从来没有见过有谁愿意把自己的作品扔进纸篓。人们总是说自己的作品如何重要，应当在"最近一期"的"显著位置"上刊登。可作为人民委员会主席的列宁竟是这样的谦虚。

列宁在克里姆林宫一直住在人民委员会毗邻的那幢房子里，只两张普通的单人铁床，一个写字台，一张饭桌，几个书柜，六把椅子，一架母亲留下的钢琴。家里连喝咖啡用的小调羹都不够，四个人只有两把，在杯子里轮换着使用，自己的住房选择在只有36平方俄尺的最小的房间，还是间穿堂房，地板走得吱呀作响，一有人走过就有可能影响他的工作和休息,可他却坚持不搬家,也不同意翻修。

列宁有一次在郊外,衣服穿得单薄,随同的国家救济人民委员部负责人领件新大衣送给他,列宁回斯莫尔尼宫后写便条及时派人送去:"现将贵人民委员会的皮大衣完整送回,顺致谢意。皮大衣派上了用场,我们遇上了大风雪。"

然而,列宁临终时还仍然穿着那件留下敌人弹孔的大衣……

永远活在人民心中

1924年1月21日,列宁早晨醒来,觉得很不舒服,不想吃东西。经过大家一再要求,他才勉强吃了一些,然后躺下休息。医生们发现他的呼吸已经沉重而不规则。他还跟前些天一样,请妻子继续给他念美国作家杰克·伦敦的小说《热爱生命》。听着,听着,列宁闭上了眼睛,心脏也停止了跳动。列宁逝世了。

很快,这个悲痛的消息传遍了全国和全世界。

党中央委员会讣告:

> ……这样一个人去世了,在他的领导下,我们的党用有力的手,在战争的烟雾中,在全国举起了十月的红旗,扫荡了我们敌人的抵抗,在以前的沙皇俄国巩固地建立起了劳动者的最高权力。共产国际的创立人、世界共产主义的领袖、国际无产阶级所敬爱并引以为自豪的人,被踩躏的东方旗手、俄国工人专政的领袖去世了!

在顿巴斯矿区工人集会上,一个老矿工说:"列宁,亲爱的列宁……没有了你,我们将怎么办呢?"他那饱经风霜的脸上的双眼

注视着远方,从这双过去曾经看遍矿工生活中的一切苦难与贫困的眼睛里,泪水一大滴一大滴地滚下来。那时所有的人都像老矿工一样。大家都喉头哽塞,泪水流在脸颊上,心急速地跳动着。

"但是我们要代替你,永不会被忘记的老师。"那矿工又好像从梦中醒来似的继续说,"我们要充实你的党的队伍,我们要继续你所开始和你为之而死的工作。"他不能再说下去了……新涌出来的泪水使他不得不离开讲台。

送殡行列经过的街道上挤满了人。尽管天寒地冻,但所有屋子都门窗大开:屋顶上、栅栏上到处是人,全体人民都在为敬爱的领袖送殡。这时,共同的痛苦把人民团结了起来,街道上井然有序,人多而不拥挤,整整5日5夜,全国成千上万的工人、农民和红军士兵以及国内国外代表团、青年人、老年人川流不息走进停放列宁遗体的工会大厦大厅去和这位全世界无产者敬爱的领袖告别……